大展好書 好書大展

命理與預言 63

生意興隆的風水

小林祥晃／著
施 聖 茹／譯

大展 出版社有限公司

前　言

在我所知道的餐廳中，有些餐廳的菜做得不怎麼美味可口，但是客人卻很多。並非因為它賣得便宜，而是餐廳風水好的緣故，亦即所謂「口味不好，但運氣很好的商店」。要去哪裡吃好呢？一提到這個問題時，便會立刻想到那家店。

另外，當然也有「口味相當好，但客人卻不太愛上門，總是空空蕩蕩的商店」。其理由在於商店的環境（風水）不好。口味很好，也很努力地工作，但為什麼就是無法跟得上流行呢？

我在『生意興隆的風水』中，支持認真的商人。如果讓這種非常努力在做生意，但生意卻好不起來的商店就這麼倒下，則對整個國家經濟，會造成不好的影響。

若是相當努力在做生意，卻因為不了解風水，而使得生意不興隆，那是十分可惜的一件事。只有資本雄厚的大型店鋪，及大企業等能夠生存下來。而孜孜不倦，非常努力的傳承上一代口味的商店或製造業，只要生意不興隆，便無法生存下去。此即問題所在。

以我家來說，祖父、父親、我三代，都經營祥設計股份有限公司，是經營建築設計及工程的公司。大企業的設計事務所或大企業的建設公司，的確可以進行大的企業工程。但是祥設計股份有限公司，卻仍努力不倦地磨練自己的技術，設計出令客戶喜歡的住宅。

我在將近三十年前，從大學建築系畢業之後，就進入東急建設股份有限公司工作。那是因為我認為小家的設計事務所，未來可能會經營不下去。

父親笑著想聽我的意見。我回答：「在父親這一代，公司就要關閉了。」未料進入公司後，我立刻發現自己的想法是錯誤的。即使沒有我這個人，大企業建設公司的工作，依然能夠持續下去。但是祥設計股份有限公司如果沒有我，好像就經營不下去了。

從祖父到父親，從父親到我，傳承著創造幸福住宅風水的智慧。若非是我，「風水」這項智慧便無法在工作中傳承下去。

在此，我想將自己當成祥設計股份有限公司的商品。其發展的結果，和大公司不同。我們以風水為基礎，設計幸福的吉相住宅。即使沒有大的發展，但是以小林為代表，應用其它公司無法模仿的經營方針，即使在建築不景氣的時代，依然可以設計出適合許多人居住的住宅。

如果是大公司，或許就無法做到了。那是因為風水建築的第一人小林祥晃，不在這家公司的緣故。

在我的辦公室，一接到電話，便說：「Dr・小林祥設計。」因為公司的商品是「Dr・小林」。顧客們都希望由了解風水的小林先生來設計，因此，我們很清楚的展現自己商品的意義。

有句話說：「買賣是人。」我們也可以說：「商品是人。」當然還可以說：「買賣依商品而定。」

如何？你的公司是符合哪一項呢？是符合有人才的「買賣是人」的類型？或是符合有特別的人才，成為商品當中的「商品是人」？抑或傳統的，具有壓倒其他人的商品？

風水原本就是能在生意方面發揮力量的學問。然而運氣勝過一切，運氣好是最重要的要素。無論昨日、今日，這是環境開運學「風水」最重要的思考方式。如果你只停留在迷信或占卜的程度，那就要吃虧了。很多人並不了解這一點。所以在此我首先請諸位女性都能夠了解Dr‧小林的風水。

終於我也有教育做生意的男性風水的機會了。

我在一九九八年的春天，發表了『風水的奧義』和『頭腦愈好的人愈容易讓運氣溜掉』這兩本書。其中敘述了在生意方面風水的思考方式。結果，我收到了男性寄來的「希望對風水有更新的認識」的信，同時，他們還請求我「是否能告訴他們一些做生意的技巧?是否可以教他們使得生意興隆的風水?」我給他們的回信是「請再稍微等一等，我就快要出這本書了。」於是我又發表了『生意興隆的風水』這本書。

金融依舊不安，市面上有許多關於金錢及生意方面的書本。未來的經濟究竟會如何?許多人擔心不已。坦白地說「只要是運氣好的人，無論處在怎樣的時代，都不必擔心」。只要是風水好的商店或辦公室，不論在怎樣的時代，皆能生意興隆。

※　※　※

基本上，「所謂的生意，就是要在對方高興的情況下取得生意」。而要令對方高興，讓他來光顧，使自己的生意變好，便需要令對方和自己的店有緣。或者是你能給對方怎樣的附加價值，讓他感到高興。所謂的「價值」，指的並非是金額，而是優點。我的目標是使客人幸運，即

「價值」。只要使顧客幸運，則生意必定興隆。

本書是從各種角度來探討以前所未曾提及的使生意興隆的風水，是有「價值」的書。

其中尚包含了立地的條件、建築物的外牆、設計、室內設計、桌子、收銀機等等。收銀機的方向或出入口門的顏色、椅子的形狀及顏色、辦公室的方向及大小、保險庫的位置等等，是否符合你的生意呢？如果不善加利用風水，可能會蒙受損失。

無論是現在在做生意的人，或未來要做生意的人，都應該好好的利用風水。

當然如果妳想要幫助妳的先生，使他的生意興隆，請妳務必要閱讀本書。

「對自己家中的室內設計，尚有些許的了解，但是對於商店或辦公室，就不太了解了」，為了這些人，我便出了一本易懂的書。

各位，「好運」才是做生意的一切。最好是將風水理論應用到做生意上，如此你才能改善生意不好的狀況。

不過在你閱讀本書之前，請你先具有以下的概念：

首先，你必須當個好運且親切的人，接著你必須讓許多人都成為你的顧客，切勿限定客源，並努力讓許多人知道，使他們都能成為你的顧客。只要他來過一次，就表示你們有緣，他就會繼續再來。此即「緣就是圓」。另外切記不要過度去追究，要自然地展現出你的實力。

本書目的在於戰勝不景氣，同時也教你如何成為「親切運氣好的人」。如果你能先改變自己，那麼，Dr．小林的風水會更有效，你的生意也會更興隆。

小林祥晃

Dr·小林的生意興隆格言

- 不要猶豫。
- 愈是困難的事，愈不要逃避。
- 辛苦的時候，正是大好機會。
- 想要認眞工作時，就要一個人行動。
- 偶然浮現在腦海中的計畫或企畫，是因有實現的可能，才會浮現。
- 緣就是圓。
- 能夠隨心所慾的是自己，而非他人。

●非得等到萬事具備才肯做的人，即使萬事具備了，還是什麼都做不成。

●應該徹底的探討成功的原因。

●工作就是「奉獻的事」，奉獻便能使自己的夢想實現。

●運氣才是你的實力。

●著手做某事時，應以安全第一爲考量，切勿勉強。

●創造自己成功的法則。

●創造神話。

●新的商品，才能裝入新的容器中。

●柳下的土壤能夠養殖。

●客人是將你的運氣當成商品來購買。

●不要失敗的訣竅就是持續做到成功爲止。

目　錄

第一章　生意的勝負關鍵在運氣

第二章　選擇保證繁盛的土地、大樓

第三章　在「生意差的時代」中創造「生機」的風水

第四章　效果超群！生意興隆實踐講座

第一章

生意的勝負關鍵在運氣

成為「走運的人」「運氣好的人」

提及「買賣運氣」，衆人或許會嚇一跳，認爲「那豈不是占卜師了嗎……」。買賣就是販賣智慧或商品，但事實上，買賣是將你的運氣當成智慧或商品來販賣。

如果你沒有走運，那麼你所販賣的商品或智慧，無論是食品或住宅，顧客買到的就是不好運的商品。從你的手中買到不好運商品的客人們，與價錢無關，他們買到了壞運。

如此一來，客人便讓好運逃掉了。

這種感覺，任何人都能夠體會，最後顧客就不會再造訪你的店了。當然你的商店或辦公室的利益，自然會跟著降低。

「好運的人、走運的人，他們所販賣的商品，就是幸運」。換言之，買賣的基本就是運氣好，走運的人，這是十分重要的。

有句話說：「買賣是人。」只要是運氣好的人，則生意便會興隆。商品是由人所賣，顧客便是相信你的運氣，才會將它當商品購買。所謂商品，即是將你的運氣或信用展現於外的東西。

如果你的生意現在不盡理想，那麼與其檢討商品或從業人員，不如先檢討「是否是你自己的運氣不好」。

*****

不走運的人所販賣的商品就沒有運氣

*****

即使花錢買運氣也值得

一聽到「要花錢買運氣」，很多人大概臉色都會改變。「金錢是最佳的幸運道具」，倘若忽視金錢，換言之，即忽視資本力和利益，則生意便不成立。

既然要作生意，那麼便和金錢脫不了關係。如果沒有金錢，則任何事都無法開始。最感同身受的應該是各位讀者吧！

爲了獲得金錢（利益），而去作生意的人應該很多，另外一定有不少人有這種遺憾，只要再有多一點的資金，自己的生意必定會做得更好，而且會更流行。確實如此，金錢是使你的力量更能發揮的道具。

在此，成爲你生意基礎的就是你的運氣，因此，首先你必須開運。投資一點金錢來購買運氣，是最好的方式。

金錢實在是非常不可思議的東西，只要一圍繞起來，就會愈滾愈大，而且還是以你的運氣爲中心，繞著滾。

也許有很多人會說「不要考慮到金錢的事情」或者是「把金錢掛在嘴巴上，太沒有水準了」，但是你必須重新思考，金錢即是測驗你的品格的道具。

雖然我們歷經了金融風暴，但是經濟的機構，銀行、證券公司等，並無發生什麼變化。經濟是現代世界的中心，因此，我們必須改變我們觀看世界的基準才行。

一般人往往會認爲「將錢掛在嘴邊很俗氣」，或是「那個人是不是做了什麼壞事才有這麼多錢」。

希望各位能夠打破這樣的思考模式及概念。

每個人的賺錢運都是平等的。只要每天利用風水來做生意，那麼任何人都能賺很多錢。如果你說你不想要錢，那就表示你現在已經有許多錢了，或者是現在已經到了不可能再有更多錢的年齡了。相信沒有任何人不喜歡錢。

假使你認爲「金錢很骯髒」，那只是使用方式不同的關係罷了。購買運氣的金錢，並不是髒東西。若你認爲金錢很骯髒，那表示你運用金錢的方式是骯髒的，金錢是測量你的品格的道具。

每個人與生俱來的金錢運都是平等的，但是有些人在做生意時卻不能走運，此時便需利用風水術來改變。請你用一點點的金錢來換取你的運氣，並且將你的商店依風水的原則作變化。

＊＊＊＊＊

為了獲得幸福，金錢是最方便的道具，金錢是定格你的人品的道具

＊＊＊＊＊

走運的客人會走進走運的商店

最近我感到有些沮喪，因爲在雜誌上評價非常高的商店，卻是運氣非常不好的商店。有些商店無論有多少客人，它的運氣就是不好。這是因爲建築物疲倦了，它的威力漸漸減弱了。

店鋪也是會疲倦的，而爲了要恢復疲勞，就必須在公休時，將店鋪內的燈完全關掉，讓裡面都暗暗的，店鋪才能好好的休息。不過在前一天必須好好的打掃乾淨，這是非常重要的。

此外，所謂走運的商店就是能夠自由自在的控制客人的商店。客人會依照固定的時間來，店鋪則販賣固定數量的商品。商店能夠依照經營者或店長所想的，計算自己的客源及販賣的數量，此即爲走運的商店。

換言之，即一切都在自己掌控中的商店。如此一來，建築物和從業人員便都不會疲勞了。

客人會覺得受到尊重，受到合理的對待，而感到很高興。當自己想到商店去時，立刻就會想到這一家店舖，並且覺得走進這家商店時，心情會很愉快。所謂走運的商店，也可以說是「在客人要求的時間裡，能夠很幸運的騰出空間讓客人坐的商店」。總之，就是商店這方必須有更多的餘裕。

「走運的客人會走進走運的商店」，指的便是這層意思。因爲是走運的商店，所以商店就會帶來好運，當然客人也會帶來好運。好運的客人不斷的走進自己的店裡，而且客人也會被商店的幸運所吸引，再度光臨，若能產生如此良性的循環是最好的。

如果一步也不走進不走運的你的商店中，客人的運氣就會漸漸的滑落，於是逐漸沒有時間，沒有金錢，也愈來愈沒有心情進入你的店；你的店也逐漸沒有生意，產生這種惡性的循環。

※　　※　　※

像我們建築家，販賣的也許是最貴的商品。

況且若此種商品要完成，本身必須伴隨著一項一項的現場作業，因此，我們的商品並非固定的。而令人覺得不可思議的是，這個商品的完成，表現了客人所擁有的運氣。

例如，當我在蓋自己的房子時，我會依照自己的運氣來完成建築物。從風水的家相來看，自己的缺點也會完整地表現在建築物上。事實上，我在原宿所蓋的房屋，就原封不動地呈現出我的弱點。

從商品的觀點來看，我們可說如果商品是建築物，則蓋房子的人，其當時的運氣會原封不動的表現出來；如果只是一般商品，則是購買商品的人，其運氣會表現出來。

例如，「與機械不相符合的人」，無論開多麼高級的車，這輛車終究會出現毛病。

很幸運的，對車子而言，我是個走運的男人。無論開怎樣的車，引擎都非常好，而且很耐久。然而相反的，在我最擅長的建築方面，卻往往容易在自己所蓋的房子上，表現出自己的缺點。

商品除了這家商店所具有的運氣以外，來此商店買的客人，或來此商店用餐的客人的運氣，多半都會被表現出來。

商店和經營者，都是要經營走運的商店所不可或缺的，但最重要的還是要有好運的客人能夠上門。如此購買好運商品的機率才會增高，才能帶來歡喜。這種循環才是創造商店流行的訣竅。

*****

當建築物疲勞時，效率就會降低。而無論是辦公室或店鋪，都會疲勞

*****

應該雇用雖然頭腦不是很好，但卻有好運的員工

不限營業員或銷售員，只要是好的員工，皆能使自己的公司生意興隆。那麼怎樣的員工是最好的呢？

當然是運氣好的員工，頭腦好的員工。

運氣好、頭腦好的員工，工作有效率，極少出差錯。而且因爲運氣好，所以往往會出現好的結果。可是運氣好、頭腦好的員工卻不好找。

一般的銷售員、營業員，多半都是屬於半途而廢的頭腦好、運氣卻不好的員工。這對公司而言，會產生負面的效果，是相當危險的。

頭腦是一知半解的，所以即使出現了很好的計畫或企劃，最後也會因爲運氣不好，再好的計畫對公司都沒有任何的幫助。

雖說『計畫非常好……』，但卻沒有好的結局，亦是枉然，因爲對公司而

言，結果才是最重要的。

公司一定要特別注意自己的員工是不是屬於頭腦好，但運氣卻不好的類型。如果你本身即是屬於這種人，那麼你想成功，就可能很困難了。

再者，若你的員工運氣不好，頭腦也不好，那你會要求什麼樣的員工呢？其實頭腦、學歷都沒有什麼大不了的，運氣好的員工才是你應該追求的。這類型的員工才能使你的公司生意興隆。雇用運氣好的員工，會使你的公司幸運，生意昌隆。

從這方面來思考，運氣好的營業員，對公司而言，是生意興隆最大的祕訣。可是傷腦筋的是，運氣好的人只會待在運氣好的經營者旁邊。換言之，即取決於經營者本身的意識。

如果你的運氣弱，那麼好運的員工就不會聚集到你的身旁。如此一來，你就必須調整自己住家、辦公室或店鋪的風水，創造出運氣好的空間。

「運氣好的空間，其本身的威力就足以喚來運氣好的人」，這是不變的法則。倘若現在的你不走運，那麼請你去調整住宅、辦公室及店鋪的風水，請參閱

第三章。

運氣好的員工，可以使你的公司繁榮，使你的公司成功

運氣好的老闆，必須擁有運氣好的房間及朋友

先前已經提到過，擁有運氣好的員工是使你的生意興隆最重要的法則。而且走運的員工，其所到之處就有運氣好的老闆。不只是生意興隆而已，嚴格說起來，運氣好的員工、代表者，及身爲店長的你的運氣，都有很重要的關係。

「無論經濟是如何的不景氣，只要負責人的運氣好，那便什麼都不必害怕了」，我想說的就是這一點。

所謂走運的老闆，浮現在我們腦海裡的是企劃的事情，能夠依照所想的，非常完整的去實行，而不會發生什麼挫折的事情。

反之，乍看之下是走運的，最後的答案卻是不好的，無法得到好的成果的老闆，我們稱其爲不走運的老闆。

頭腦好，運氣不好的老闆，乍看之下，是走運的老闆，可是最後從數字的帳

來看，卻可發現是虧本的。我們歸納出來的結論就是運氣不好。因此，找出運氣好的負責人或代表人，是使生意興隆的祕訣。

那麼，運氣好的老闆的定義又是怎麼樣呢？我經常在思索這個問題。我認為是擁有幸運空間的人，無論是自己的住宅、辦公室或店鋪，皆是如此。而且還必須有好的商量者。

如此一來，即使頭腦不是很好，又或者頭腦相當普通，上天仍會將運氣降臨在你的頭上，你能夠順著這個運氣往上走。

今年六月，我發售了從以前就開始企劃的名爲『Copatee』的迷你遊戲。Dr.小林風水的智慧，完全溶入在這個簡單而容易攜帶的東西當中。只要使用此一迷你遊戲，就可以看出我們每天的運勢及與他人的相合性。

在此遊戲中，我下最大苦心的就是人與人之間的相合性。運氣好的老闆就是會遇到好運的人、有緣的人，這是最重要的。在做生意方面有緣的人，便能夠使用此一緣分，與人交往。

和人長期交往是非常重要的。如果你能在此人狀態最好的時候，與其交往，或在他不幸運時，巧妙的運用他的優點，才能稱得上是好運的老闆。

關於相合性，並非單純只是喜歡或不喜歡的遊戲而已，因而必須花費相當多的時間去思考。

在人的一生中，和他人的交往是非常重要的。走運的老闆在與人交往時，不會浪費時間，只會使對方好的部分呈現出來，所以，這時我們就需要好的空間及好的家庭了。

＊＊＊＊＊

只要有集幸運於一身的老闆，再如何不景氣都不必害怕

＊＊＊＊＊

帶領部屬的「○三法則」

只要巧妙的和自己的幹部、從業人員交往，那麼，便可朝生意興隆的目標邁進。在此介紹Dr・小林的○三法則。首先必須求出你和對方的年齡差距。

如果相差0歲，就是零族；相差一歲，就是一族；相差二歲，就是二族；相差三歲，就是三族；相差四歲以上時，就將年齡差別以四來除，求其餘數。餘數為0，就是零族；餘數為一，就是一族，餘數是三為三族。

・零族的場合

對於零族的部屬或員工，只要你傳達想做的事情，他們就會將工作做得很好。你與零族的部屬之間，信賴關係是兩人的牽絆。但是，如果你擁有多管閒事的部屬，彼此之間可能會扯後腿，那就糟糕了。

如果你有零族的部屬或員工無法退一步爲你服務，則你們的關係就會顯得很生澀。

•一族的場合

一族的部屬或員工，如果擁有對抗意識，那就令人傷腦筋了。所以應該經常讓他清楚的感覺出你們的「差異」，因爲你若對他使用命令的口氣，反而會引起他的反彈。故必須以朋友的感覺對待他才是。

對於心情起伏激烈的人，你最好以不讓他看穿你的內心的方式和他交往，否則你的地盤或許會被對方佔據。總之，和異性比較容易交往。

•二族的場合

二族的部屬或員工，可能會有兩種傾向。比較沒有才能的人，可能會仰慕你，但很有才能的人，則可能會背叛你。因此對於心思不是很集中的人，你最好不要用他當你的部屬。

另外，若你和異性之間產生愛情的情愫，則彼此的關係或許會向前邁進一大步。至於同性，若是技術或力量具有壓倒性的差異，那也是往前邁進一大步的好機會。

・三族的場合

三族的部屬或員工，對於你的指示，有能力的人，能夠非常認眞的工作。但無論是同性或異性，你都不要用那些喜歡講話的人。只要你肯花時間來教育他們，他們會成為你強而有力的戰士，偶爾請他們吃吃飯也不錯。

＊＊＊＊＊

所謂與員工的良好關係，就是能够使他們發揮力量的關係

＊＊＊＊＊

好的構想在你走運的時候產生

我在先前曾經提到，能夠產生好的構想來做生意的人，就可以成爲第一，就可以成爲上流社會的人。在演藝界當中，能夠活用自己的才能的人，也能位居上位。

如果你有成爲生產元素的好構想，那就是你做大生意的機會，這是很淺顯的道理。是否能創造新的物品，是否能夠成功，首先就是必須看你有無好的構想。

這種構想當然並不一定需要新的構想。任何人都具有能夠改變人生這種大的構想的機會。它存在於我們的日常生活中。

以我Dr・小林爲例。風水是古老的學問，是非常困難的東西。我就是利用風水這種古老的學問，和自己的建築業、現代的流行相結合。並利用顏色及形式，向各位介紹風水的藝術，讓更多的人了解風水。

「西邊黃色可提高財運」，以此爲基礎，令更多人都了解Dr．小林的風水。在此之前所提及的風水、家相或方位學當中，對於西邊這個方位，都沒有附加顏色。僅止於西邊是個令人高興的方位，或者是對於飲食有所影響的方位而已。

於是我簡單的介紹了西方所擁有的風水環境的威力，且如何表現在顏色及形式上，另外，還介紹了如何提升西方所擁有的威力的風水術。以嶄新的想法，傳達了這種古老的學問。

爲什麼我會使用顏色及形式呢?因爲我是個建築師，而且風水是自然的法則，故我便以顏色和形式作爲基礎。

然而在沒有彩色印刷、沒有彩色電視機之前，我們在傳達我們的構想時，無法簡單地傳達顏色。

在報紙和電視都是黑白的時代裡，即使我再如何說「西邊黃色」，也無法具體的傳達黃色究竟是怎樣的黃色，而在一切都是彩色的今天，如果不用顏色來表現，反而會變得很奇怪。

我以「西邊黃色可提高財運」、「東邊紅色可提高工作運、健康運」、「南邊放置一對觀葉植物，則綠色的光彩可使才能及感覺提升」等等來表現風水術。換言之，即將色彩融入風水之中，以便取得大家的理解和同感。

我將風水所擁有的大自然威力，以顏色和容易實行的形式，讓大家容易了解。因爲父親在口頭傳授我這項學問時，我自己便遇到許多的困難。所以我不斷的思考該如何表現。如果七歲的小孩都能理解，那麼任何人應該都能夠理解。

再者，若我說西邊黃色，能夠提高財運，爲你帶來好運，則我指的究竟是怎樣的東西、怎樣的黃色？故在與方位組合時，我們必須思考色方位。

有時在識別顏色時，需要藉助太陽光，因爲必須在光的照耀下，顏色才會產生，所以太陽光是必需的。

太陽的運行是自東邊上升，南邊達到頂點，再往西沈下。因此，北邊無法直接照射到陽光。此即北半球太陽的動向。

風水的陽基論指出：「只要太陽的光是在吉相的空間實行風水，那麼，無論是誰，都可以獲得幸運」。風水術就存在太陽之中，因此，能夠發揮顏色和形的威力。

說到太陽，自古便流傳這一句話：「若無法照射到南邊的太陽，則威力便會減弱」。但在大都市中，並非每個地方都能直接照到南邊的太陽。在昔日的家相當中，就有項決定，「這樣的土地不行」。然Dr・小林的風水其特徵卻是，即使有如此的情況，依然能夠處理。

換言之，凶作用不只是「凶」，我們必須使這種凶作用減弱，於是我利用顏色、形狀及方位，將吉的構想加進去，讓各位容易了解。我的想法多半是在吉相光明時浮現的。

當我將風水的理論廣泛傳開來時，首先做的就是調整自己書房的風水，使其成為吉相，爾後才會注意到上述的事情。

光是如此，威力當然還不足，所以我就往與自己相合性佳的方位旅行，住在吉相的旅館中寫稿，再將稿子從吉相的土地，寄到東京的辦公室。在完成這本書的同時，我會拿著原稿，到吉方位去旅行，以增加這本書的威力。

因爲運氣是可以依賴的，所以我很重視提升自己的運氣。

如果我的運氣不好，那麼，無論我再怎麼樣談論風水，都無法使許多人知道。調整環境，讓自己幸運，才能夠築起「Dr‧小林的風水」，才能夠使許多讀者閱讀我的書，才能夠令大家都藉由風水，使自己幸運。

很多人都有此同感，學歷和職業並非值得永遠信賴的，只有利用Dr‧小林的風水理論，使自己幸運，才是最重要的，幸運才是勝負的關鍵。

下次我一定要再蓋一間擁有更好環境的書房，使我能夠產生更好的構想，讓自己的運氣能夠更加的提升。

改變人生的構想，每天就在你的眼前來來往往

決斷必須藉助南邊的威力

風水教你使公司更好的三種方法。一是，負責人的運氣如果不錯，就依照他的判斷方法。第二，如果運氣不好，就利用調整環境風水的方法，最後一項是在你要導出重要結論時，必須運用十二點這個時間。即在員工室、會議室的正中央，向著南邊，在十二點時下結論。從前便有這麼一句話，「君子面南」。重要的事情必須面向南邊思考。在寬廣的空間中，南側有窗戶，請在十二點太陽照著你的臉的屋子正中央，面向南邊思考。

*****

南邊的太陽帶給你決斷的勇氣

*****

走運的人不會浪費時間

「走運的人不會浪費時間」。一年有三百六十五天，每天有二十四小時。每天睜開眼，就彷彿以什麼樣的獵物爲目標般的人，沒有多餘的時間來浪費。所謂白費時間，就是行動的結果白費了。例如，你現在要休息，而如果你只是休息就結束了，那就眞的是白費了。倘若休息後，你能做更有意義的事，那麼，這個休息的時間就沒有白費。

如果你拚命努力做生意，收支仍爲負數，但此負數卻是你將來成功的基礎，那麼，你並沒有白白的浪費掉這段時間。

換言之，只要明天比今天更好，後天又比明天更好，你的生意能夠一天比一天興隆，則你所做的一切事情都不算白費。是否會白白的浪費時間，就端看自己了。只要今天比昨天更好，那就行了。

試著將現在的你，和十年前的你相比較。現在的你，在做生意或家庭環境方面，是否比以前更成功，如果是，那麼你的時間就沒有白費。

但是，有許多事是你這一代無法回答出來的。雖然你很想成功，但你的兒子卻藉由你所得到的財富和名聲，不斷的揮霍、不斷的放縱，既沒有好好的過生活，也沒有使生意發揚光大，如此一來，你所做的事情也就白費了。

仔細想想，雖說只有你這一代，但所做的事情也有很多。在金錢方面，倘若以非法的手段取得不仁不義之財，那麼，即使擁有龐大的財富，對於下一代而言，又是如何呢?自己的父親做了不該做的事情，因此，即使擁有金錢，對下一代，仍不是一件好事。

請將眼光稍微放遠一點。

我們現在所說的事情、所做的事情，至少會對我們的兒女產生影響，甚至會影響到我們的孫子，我們必須考慮到這方面的得失。

並非你這一代白費就結束了，甚至會波及你孫子那一代，不可以讓他們渡過白費的人生。無論做任何事，都不要令它白費。如果你這一代做了什麼白費的事情，就應該很明確的告訴你的兒女或孫子，希望他們不要重蹈覆轍，否則便會一代一代地重複相同的錯誤。

有很多人親身實行了「西邊黃色來提高財運」，使得財運立刻造訪，反之，也有經過四、五年，財運始終不至的人。

有的人會說：「我一點財運也沒有。」這或許就和你的「身體或住家的運氣不好」有關。當你的身體不好時，你就會妨礙了西邊黃色提高機運的威力。另外，身體、住家都很好，但是……。對於這些人，我想告訴你們；「請你再想一下，你的兒女是否在用錢方面有困擾？」

父親也實行「西邊黃色」，可是父親並沒有擁有像我這麼多的財富。不過由於父親所實行的「西邊黃色」的緣故，使得「西邊黃色」的效力也及於我本身。因此，即使父親說「沒有用」，但我仍可以看出它的效力明顯的在我身上展現出來。

你我都在這種不景氣的狀態下求勝負，可是即使今天勝利，未來卻失敗，那也是無用的。你一邊要提升自己的運氣，一邊要使自己的生意興隆，在自己的兒女、孫子一代開花結果。這項工作必須同時進行。

「運氣是生意勝負的關鍵」、「你的努力必得回報，你所得到的回報，就是來自你的努力」。此外，「所謂努力，就是你爲了開運所做的事情」，請你不要忘記這些話。

*****

努力必得回報，而你所得到的回報，就是你的努力

*****

公司會因下一任總經理的選拔而發生大變動

無論如何，公司都是由負責人的運氣及員工的運氣來決定的。

從風水來看，大公司的員工變更、負責人變更，是非常有趣的。當我在看經濟新聞時，會邊笑邊想：「這家公司的代表人經常都是這個人。」

雖然和前任者的平衡有關，但我們仍不得不思考，和這家公司的風水平衡有關。這是依風水爲基礎所選出來的，多半都已經超越了本人的意識，而依照和前任者的相合性來決定。

現在我就來教各位選擇下一任的總經理或負責人時的風水術。

從「Dr・小林的〇三法則」來看戰國時代如何取天下，便可充分了解。

在此項法則中，相差六歲、十八歲、三十歲，即稱爲「超壞的二族」，是屬於相合性最不好的典型。超壞的二族，會使情況亂七八糟的。另外，相差四歲、八歲、十六歲、二十歲、二十八歲、三十二歲，則稱爲「超好的零族」，是相合性最高的。狀況良好的公司，不知是否是因爲了解此項法則，它們都配合得很好。接著我們來看看戰國時代的「取天下」。

信長和秀吉相差二歲，是屬於相合性普通的二族。秀吉和家康、石田三成和家康則各差六歲、十八歲，屬於超壞的二族，相合性十分不好。

從風水的觀點來看，秀吉和家康必定會失敗。關原之戰當中，西和東的大將石田三成和家康的相合性最差，這也是引發戰爭的原因。

如果你的公司以前的總經理和現任的總經理是屬於超壞的二族，那麼大概會引起一些爭端。親子之間當然亦同。

*****

相差六歲、十八歲、三十歲必須要注意

*****

學習戰國武將的訣竅

先前提過戰國武將的例子，爲什麼我會以他們作爲例子呢？因爲他們拚命的作戰，擴張自己的領土，建造城堡。在戰爭、領土分配、築城等方面，步上幸運上限的人非常多，現代的產業和經濟亦是如此。

開店或找辦公室的時機、方位、錄取員工的方位，及分店或連鎖店的方位等等，只要學習戰國武將的風水觀，那麼在做生意方面，必定能抓住訣竅。

無論是經營者、店長，或從業人員，只要訓練他們的好運，使他們成爲幸運的人，則生意一定會興隆。此外，不會使大好的商機逃掉的人，才是最重要的。

做生意的直覺很重要，不過雖說是直覺，但是人生總是有起有落，何時該攻、何時該守，這是很困難的問題。所以便有賴「占卜」了。

風水就是「學習先人」，使得事情轉爲吉相的思考方式。現在請將先前提到過的戰國武將，和你自己連在一起想想看。

有些人會因母公司的意向，而被派到連鎖店或分店去工作。此時你就必須活用風水方位的作用，朝吉方位移轉，使其威力轉變為吉的威力。

首先將戰國武將的出生年別，從一白水星分類至九紫火星，再找出和你相同年出生，具有相同九星的武將，從他的身上學習做生意的直覺（請參考次頁的表）。

一白水星的你

伊達政宗和眞田幸村，實際上是同一年的一白水星的武將。

已經對自己死心，認為「我的界限就是到這裡了」、或者是「已經看不見未來了」的你，應該學習北條早雲。

北條早雲無論是家勢或學歷都不好。在他十幾、二十歲時，就經常發生金錢上的糾紛，而且在異性方面，也有很大的問題。

一白水星的人，比較容易情緒化，但是北條早雲就不一樣了，這是因為他巧

一白水星	1927年、1936年、1945年、1954年、1963年、1972年出生	織田信長的部屬柴田勝家、北條早雲、伊達政宗、眞田幸村
二黑土星	1926年、1935年、1944年、1953年、1962年、1971年出生	在國取物語當中被稱為蝮蛇的齊藤道三、武田信玄、吉川元春，及九州的大友宗麟
三碧木星	1934年、1943年、1952年、1961年、1970年、1979年出生	武田信玄所喜歡的敵人上杉謙信、加賀的前田利家，被稱為背叛者的蒲生氏鄉、藤堂高虎
四綠木星	1933年、1942年、1951年、1960年、1969年、1978年出生	被明智光秀、織田信長在桶狹間整得七葷八素的今川義元，及黑田如水、四國的山內一豐
五黃土星	1932年、1941年、1950年、1959年、1968年、1977年出生	豐臣秀吉、淺井長政、細川忠興、池田恆興
六白金星	1931年、1940年、1949年、1958年、1967年、1976年出生	島津義弘、加藤清正、毛利輝元、竹中半兵衛
七紅金星	1930年、1939年、1948年、1957年、1966年、1975年出生	織田信長、高山右近、大內義隆、福島政則
八白土星	1929年、1938年、1947年、1956年、1965年、1974年出生	德川家康、石田三成、朝倉義景、毛利元就
九紫火星	1928年、1937年、1946年、1955年、1964年、1973年出生	豐臣秀次、三次長慶、羽柴秀長

妙的利用西的吉方位的緣故。因爲運用了西的吉方位，所以異性問題，以及和銀行方面的糾紛，便一變而成不同的評價。

已經不再年輕的你，如果想擺脫年輕時的頹廢不振，想要一求勝負，那麼就應該像北條早雲，從伊豆的韮山移居小田原時一般，在一白水星之年，運用吉的方位。以現今而言，就是二〇〇〇年。

一白水星的人千萬不要死心，只要往好的方向移動，那麼你的運氣、你的威力一定能夠上升，使你的生意興隆。

二黑土星的你

「是做生意的高手」的齊藤道三，他認爲「人生以九年爲週期，機會的類型有所不同」。換言之，每九年一次，齊藤道三就有不同的運氣。

我們來看看齊藤道三的運氣。他從京都開始做生意，足跡遍至全國。在進入美濃時，就往鬼門（東北）的方位移動。

所謂鬼門的方位，就是使現在的狀態反轉過來，成爲吉的方位。在此附帶一提，如果最近受到不景氣的影響，而一蹶不振，無法發揮實力，就應該在二〇〇〇年，好好的利用鬼門。

如果你無法獨立，那麼二〇〇〇年是大好的機會。

三碧木星的你

前田利家從孩提時代開始，就因爲好勝心強，而經常和別人發生爭吵。也就是因爲和別人發生爭執，而將同伴殺死，因此觸怒了信長，於是被關禁閉。在此期間，利家本身用功的讀書，對於他的未來產生不小的幫助。

如果你現在所經營的是軟體的開發、企劃或嶄新的設計等的公司，那麼我勸你要學習利家。盡量和他們競爭，做有攻擊性的生意，作爲事業開展的發端。另外，可再附加美的美術的工作。

歷經幾次轉機的利加，在金澤的加賀這個吉方位築起了城堡。因爲環境朝吉方位改變，所以便有了新的想法和嶄新的事業。

當各位想展開新的生意時，就必須有新的空間。此時最重要的，就是要有吉方位的好空間。

四綠木星的你

四綠木星的你，在「〇三法則」當中，先不要管上司究竟是怎樣的人物，如果是母公司和子公司的關係，則你應該稍微冷靜一點，來看待母公司。如果你受到信賴，那麼就像黑田如水一般，一旦受到信任，則以後無論遇到什麼事，公司都會信任你。即使不是如此，在「〇三法則」中，巧妙的人際關係也是做生意的泉源。

光秀爲什麼會引起本能寺之變呢？在開始獨立或開創新事業時，風水告訴你，不要重蹈光秀的覆轍。

他對於食物好像很緊張似的，不過他的頭腦非常的好，富有藝術性，可是不知是什麼緣故，他在待人處事方面，卻極不擅長。在安土城接待信長和家康的時候，就出了差錯。

四綠木星的你，「要好好在待人處事方面下些工夫」。只要能夠注意到這一點，那麼你的才能將是無限寬廣。

五黃土星的你

公司合併或錄取員工的方位，請學習淺井長政。長政的夫人是信長的妹妹，可是他們嫁娶的方位是凶方位，所以在錄取公司重要幹部的時候，就必須注意錄取的方位。結婚是最大凶的淺井長政，之後就被娘家的織田所殲滅了。

請仔細的看看嫁娶、公司的合併，以及本店與分店的方位。藉此你便可以了解，生意是否會成功或失敗。

接著來談秀吉。秀吉擁有累世的財富，可惜的是豐臣家只一代就被滅亡了。倘若他當一個事業家，最後是否能夠成功呢？

我認爲事業能夠長久持續才是最重要的。秀吉所延伸的威力，實際上是凶方位的威力。如果使用了不應該移動的方位，換言之，即和吉方位相反，是凶方位的威力，那麼暫時性的強大威力便會到來。因爲工作非常忙碌，所以你便需要補充維他命、補充鐵劑。

在短期間內可能會不錯，但經過一段時間後，必定會出現相反的作用。在吉相的家中睡覺，在吉相的店裡做生意，便是利用風水的威力，使得生意維持長久的要訣。如果不重視這種持續性，而只將運氣集中在爆發性上，便會如同鞭炮一般，一下子就點完了。

因此，如果在你的周圍有突飛猛進的公司，你應該檢查這個店或公司的方位，再來解讀它今後的動向。

六白金星的你

六白金星的你，應該學習以大勝負爲目標的島津義弘。

在關原一戰當中，成爲西軍到關原參戰的島津義弘，他認爲自己會敗北，於是乾脆一口氣切入敵陣中，並且回到了鹿兒島。之後家康數次請他出鹿兒島，但他始終不離開，而且一直保護著島津家。

六白金星的你，當大勝負出現時，鬼門非常的重要，就像島津義弘一般，從鬼門出去，吸收威力。其後便堅持在那兒，不爲所動。

總之，就是不斷的、持續的吸收威力，藉以充實內部，並保留在自己的內部之中。類似這樣的方式來經營。

另一方面，加藤清正在關原一戰當中，並未出兵關原，換言之，他並沒有使用鬼門方位的吉威力。總之，在應該分勝負的地方卻不分勝負的加藤清正，和出兵分勝負的島津義弘之間的差異，在事後就看得很淸楚了。

七紅金星的你

七紅金星是織田信長。

在桶狹間之戰打得非常華麗的信長，並非是戰役中的超級強武將。我們來檢查信長十至十一次的戰役，結果發現是三勝八敗。不過在絕對不可以輸的時候，他一定是獲得勝利。桶狹間就是最好的例子。

出兵越前，也是逃回來了。對你而言，那些小生意不必太在意，倒不如著眼於大勝負。面臨大好的機會時，一定要全力以赴。

八白土星的你

八白土星是家康。就如先前曾提過好幾次，必須要不斷的忍耐，再利用風水的絕妙技巧，來築起江戶幕府。

換言之，倘若你擁有吉相的不動產、店面、辦公室，那麼你就成功了。石田三成也是八白土星，但是此人用腦用得過度了。頭腦越好的人，越容易讓運氣溜掉。希望你成為擁有吉相不動產的家康。

在談大生意之前，你應該往吉方位旅行。

九紫火星的你

羽柴秀長，他是秀吉的弟弟，名副總經理。雖然我名之為總經理，但擁有這種總經理的秀吉，就可以安心了。

秀長介入上下關係，例如，秀吉和他下面的武將之間的關係，非常的苦惱。如果能在這方面發揮才能，那麼在做生意時，便能獲得大成功。九紫火星的你，如果能再度思考母公司及上一代的意向，則你的生意便會興隆。

※　※　※

風水本來就是非常有趣的學問。

風水是非常深奧的學問，深奧得令人難懂。切莫因爲我簡單的來說這風水，各位就認爲「風水不是很簡單嗎」，或者「風水不就是單純的占卜而已嗎」。

風水絕對不是占卜。只要擁有良好的環境，那麼任何人都能夠掌握幸運，都能夠發揮實力。只要能夠發揮實力，便能夠掌握幸福。此即風水的根本思考方式。Dr．小林從孩提時代開始，便受父親如此的教導。

「風水就像宗教、像神一般，必須永久相信，永遠推崇。」

必須擁有這種感性，才能運用風水，使你的生意更加興隆。

＊＊＊＊＊

所謂風水，就像宗教、像神一般，必須永遠相信、推崇

＊＊＊＊＊

第二章

選擇保證繁盛的土地、大樓

希望大家都幸福

相信大家都已經了解了，「生意的勝負關鍵在運氣」。所謂走運的人，就是販賣走運商品的人。

確實如此。

顧客來到你的店裡，他們想要買的是「幸福」。購買到又便宜又好的東西，客人就會覺得非常的幸福。這就是使生意興隆的風水法則。

另外，將商品交給客人也有問題。

例如，同樣價值的相同商品，在A店販售，在B店卻賣不出去，而且客人在A店購買之後，發生了一些好的事情。換言之，即客人在A店購買這個商品之後，發生了無法用金錢來表示的好事情，如此一來，客人便會對A店存有好感。

客人希望能獲得幸福。我們平日所過的不過是日常生活，而所謂的日常生活，是指使用金錢來過生活。

正是如此，使用金錢來過生活。事實上，是希望利用金錢來得到幸福及幸運，希望能夠買到好運的商品。

在不知未來的時代裡，只要擁有這項商品，就會幸福，所以這項商品必定會使你的生意大興隆。

最近很多報章雜誌的廣告或商品的廣告，雖然沒有寫出「Dr．小林」的名字，但是他們會使用令人聯想到「Dr．小林的風水」的廣告內容，藉以販售他們的商品，令我感到十分困擾。

當我看到這個廣告時，我想購買此商品的人一定非常的多。我也祈禱每個客人購買此商品之後，最好不要產生任何的問題。

如果我和那樣商品有關係，我便會讓這個商品很清楚的刊載我的照片，並記載著應該在何處可以購買得到。

話題已經岔開了，不過我們可以說「生意最終的目的就是要販賣幸福」。你的辦公室或店鋪，是否有幸運的補給站或物品呢？

就我自己而言，我會將神壇每年都放置在幸運的方位。十二支的物品，及我自己所描繪的橘木油畫（此名爲「Dr．小林的西邊黃色」），裝設在辦公室西邊的牆壁上（是幸運的補給站）。忙碌的辦公室或商店，就和人一樣，都是會疲勞的，因此，必須將空間及自己這兩方面的威力加以補給，如此才能擁有繁榮的威力。一九九九年，抱著一顆球的粉紅色兔子，就是可以爲我帶來幸運的物品。在左下角所出現的插畫，就是這個東西。

*****

生意最終的意義就是販賣幸福

*****

支撐生意的三種幸運

從風水可以解讀出經濟的動向，以及相對於去年的經濟指數。

我提倡使用風水係數的風水家計簿，藉由這一年的金錢使用方式來提高自己的運氣，解讀經濟運氣的起伏，兩者互相配合以使用金錢是其根本。

關於這一點，只要閱讀主婦之友社的『Dr・小林的開運！風水家計術』，即可充分的了解。風水的家計簿和風水的經濟係數，重視天、地、人三者的威力。換言之，每個人都需要天運、地運、人運。此三者的平衡，是生意成功的要訣。

例如，天運，指的就是神佛的加護或家勢等等，個人力量所不及之處。我們只能說，這是與生俱來的運氣。

地運是藉由家相、方位、風水等等環境的調整，爲我們帶來幸運。

人運是指人際關係或你所遇到的人。如果你的人際關係不太好，你最好利用能夠促進人際關係的〇三法則，或者是在日常生活當中，使用風水術。

如果你現在的生意做得不是很好，你應該先檢查你是否缺乏天運，檢查看看你在哪一年會有怎樣的運氣。接著是地運，指的就是環境，亦即你的辦公室的建築物、店鋪內部的裝潢，及門的位置等，檢查內外的環境。

人運即是檢查與從業人員之間的關係。如上所述，大致可分爲三方面來思考。當你的生意、你的公司做得不是很有起色，呈現紛亂的狀態時，多數人都無法冷靜下來，好好的分析。

先談天運及地運。例如，辦公室的風水是不是不好、店鋪的風水是不是不好。人運則是要看在人際關係方面，是不是有出什麼樣的差錯，是不是沒有客源，尤其是每個人都有缺點，你的缺點是否對你的生意造成了負面的影響。針對這三項，仔細加以確認，這是使你的生意繁榮的要訣。

*****

要使生意興隆，就必須有神佛的加護、人和，以及吉相的建築物

*****

繁榮的店鋪或辦公室在何處

現在就來叙述繁榮的公司或店鋪。

大家都認爲「公司不應該建在人不容易到的地方」。有些人將公司移到郊區去，令人嚇一跳，但其實只要交通便捷，即使移至郊外也可以。一般而言，只要是在街道的旁邊或電車的沿線、廢棄場附近、港口附近等等，都可算是吉地。

例如，從東京車站徒步五分鐘是最好的；從新宿車站徒步五分鐘也是最好的。越靠近大的車站，或主要的車站，我們就應視爲首先應該考量的吉地。

另外，雖說「面臨幹線道路的商店街無法繁榮」，但其實只要過馬路不要太困難，就不會有問題。郊外則反而是吉地。辦公室面臨大的街道，則無論是車輛、電車、巴士等，都能輕易地到達。

車站有北出口、南出口、西出口、東出口，一般而言，從車站看，位於西側，即位於車站東側的商店或辦公街，在風水上，視為吉地。風水上認為「交通工具等快速的東西位於東側最好」。

有興趣的人，可以實地去確認看看，在日本全國，東出口、西出口，哪一方較繁榮。應該是西出口的商店街及辦公街比較繁榮吧！所以首先應該尋找人口聚集的西出口。

車站與公司入口的關係也相當重要。雖然因為職業種類的不同，而或多或少有些不一樣，但位於車站西側出口的建築物，最靠近車站的仍是東側，則普通入口是在東側。接近車站西側出口的建築物，東側或南側有入口也不錯。早上上升的太陽，陽光能夠朝入口照射進去，會產生吉作用。再者，接近車站，也是非常重要的因素。

就像流行的濱江區也是如此。雖說靠近水，但如果是大條的河川，那麼，距離應該與河川的寬度相同。

換言之，即如果河川的寬度是五十公尺，則你的辦公室或商店，就應該離這條河川五十公尺。

大樓整體的外觀，並非是三角形或圓形的建築物就會比較好。三角形的建築物與四角形的建築物相比，其角度呈銳角，即在各方面的角度，都會比較明顯。

在此，我想提一下香港的代表性建築物，即中國銀行的三角形建築。

這個建築物的角，向著哪一方向呢?在當時是非常重大的問題。一個角是向著英國的領事館，一個角向著在當時被稱為英磅中心的建築物，另一個角則是向著在電影『慕情』當中，有著名旅館的山的方向。角所朝向的三個方向，都發生了不好的事情。

英國領事館因爲受到這個角的影響，使得英國的領事發生了原因不明的疾病。爲了要預防這種從中國銀行產生的邪氣，於是便在領事館外面的牆壁，掛了一面鏡子，並在下方種植兩棵柳樹。據說英國領事的疾病，因此而治好了。這聽起來就好像故事一般。

香港發光的建築物非常的多，因爲香港炎熱，所以如此會使冷氣房的效果比較好，這是理由之一。另外一項理由則是，爲了要避免受到其它大樓所產生的邪氣影響。

前述中國銀行另外一個角所朝向的英磅中心，就是澳洲的亞蘭銀行，它是風靡一世的有錢大樓，但後來事業卻陸續失敗。

還有一個角是朝向『慕情』中有名的山丘上，住在那邊的人會想「那個三角形究竟是什麼啊」，於是在設計大樓的途中，就在三角形上面加上好像是橄欖球球門般的東西，下次看照片時，別忘了仔細瞧一瞧。

上面有個像橄欖球球門般的東西，那就好像立在神社參道入口處的一種門，藉此可產生預防作用。但是，也有人認爲「位於神社參道入口處的那種門，就好像是架在靈柩上的蠟燭般的物品」。

有人認爲「三角形的大樓會造成周圍的迷惑」。如果現在你的公司或你的生意做得不好，那麼請你眺望周圍。倘若在你的辦公室周圍有三角形或銳角的大樓，則可能會對你的生意產生不好的影響。

其預防的方法，之後會敘述。

土地方面，也有人認爲「三角形的土地，生意無法興隆」。所以以後你如果要購買土地或租辦公大樓，就必須要特別注意了。倘若在三角形的土地上建建築物，則可能會產生各式各樣的問題。

再者，談圓形的建築物。完全圓形的建築物，會對周圍喪失影響力，因爲圓就是圓，怎麼說都可以，圓就是沒有角，可是做生意卻或多或少都需要一些角，有時強硬的一面、虛榮的一面是需要的。從這一層意義來看，完全圓形的建築物，對於生意反而具有負面的影響。

＊＊＊＊＊

如果你的生意莫名其妙就是做不起來，那麼請你看看周圍的建築物。看看周圍的建築物，是否有角向著你的建築物或房間。

＊＊＊＊＊

建築物的顏色與環境的調和

接著來談談有關外牆的顏色。有人會覺得辦公大樓或商店，其外牆的顏色不可以是某種顏色。在此敘述爲了要使你的生意興隆，而應該具有的Dr・小林的顏色風水概略。

進入我的辦公室的涉谷大樓的外觀是黑色和粉紅色。很多人都會想「那是一棟很奇怪的大樓」或是「小林先生，黑色好嗎」。的確，對於戀愛運不是很好。當然我一定會以風水的角度來檢查周圍的環境。搬到這裡三年了，我覺得我的生意做得愈來愈好。

黑色的外牆，配上欄杆及窗框等金屬部分鮮豔的粉紅色，周圍再種植大的銀杏樹木。就風水的觀點而言，具有陰陽協調之效。從風水的角度來看，建築物是陽，平面或周圍的環境是陰。大樹木可使建築物本身的運氣提升。

我們不可以無視於周圍的環境，只針對大樓本身說「你這間大樓很好」。倘若附近有大樹木或公園，也會帶來吉的作用。

*****

在周圍找找看，有沒有什麼可以發揮生意興隆威力的自然景觀或建築物，每天向著它工作

*****

決定商運的內裝顏色

再來講室內設計的顏色。就風水而言，適合地板的顏色有土色及草色。因此若採用嫩草或草皮顏色的綠色系，或者是土的顏色淡茶色、深茶色，則應該是不會有什麼大礙才是。

在餐飲店，使用原木色或各式各樣的顏色亦可。不過一般的辦公室則以茶色系和綠色系最方便了。

在我所居住的原宿高級商店街，有些商店就無法讓人很從容的挑選物品。光亮的照明所反射出來的黑影，讓我的眼睛爲之暈眩，可是就商店的設計而言，卻是相當適合的，因此，身爲建築師的我，不禁覺得「還蠻不錯的……」。可是爲什麼就是流行不起來呢？

我的太太或我的朋友到商店去，回來後都會對我說：「某某商店無法讓我很從容的挑選物品，覺得很刺眼。」我也深具同感，回答道：「就是啊！」

前幾天我到涉谷的辦公室去時，因爲天氣還不錯，所以我步行散步去，經過那家店前面時，發覺它原來會呈現黑色反光的裝潢不見了，取而代之的是灰色大理石地板，我想它的客人應該比以前更多了。它的服飾也比較高級，讓人覺得較有價值。

不僅是我，我的太太也有相同的感覺。故讓顧客能夠從容的在店內挑選物品的室內設計，是很重要的。

＊＊＊＊＊

地板的顏色以讓人能夠放鬆的綠色或茶色系為吉。

＊＊＊＊＊

陰陽的調和有利於發展

流行的辦公室或店鋪，如果陰陽調和一定很好。顯示出風水的陰陽的象徵，就是互相互補的兩個要素組合，而成爲一個完全的姿態。倘若陽的力量太強，則陰的力量會被封閉住；倘若陰太強，則陽的力量便無法發揮出來。陰陽不協調，會阻礙事業、生意的發展。

在此稍微提及陰陽的分類。

例如點、四角形的東西、直線、男性、熱、山、高大的東西、大的建築物、聲音、太陽等等，皆可視爲是陽的能源。就顏色而言，是屬於暖色系的。月亮、大地、陰暗、冷的東西、柔軟的東西、圓形的東西、山谷、女性、平坦的土地，這些都代表陰的威力。就顏色而言，是屬於寒色系的。

此種陰陽調和，在空間上、方位上都有。陽的方位是南或東，陰的方位是西或北，一般而言，以鬼門線爲境界。鬼門線以南、以東爲陽，鬼門線以西、以北爲陰。

陰陽的協調從地形及建築物的平衡上，也會表現出來，建築物的形狀、顏色，房屋與庭院，店舖與庭院等，均能表現出平衡的狀態。

＊＊＊＊＊

東方四角形的土地為陽，西方曲線的土地為陰。

＊＊＊＊＊

利用地形戰勝不景氣

河流流經之處，因爲河流會帶來威力，所以會使得客人容易進入。另外，如果你和河川之間的距離，就像河川的寬度一般，則這種作用會更強烈。

稍微叙述一下重點。

建築物的東邊有河流流過，則利用南北流動的河流及東方的威力，可使年輕的客人進入。這是使顧客固定化的重點。

由於是從南方接受威力，所以應該著眼於面向南的區域。如果能夠以容易使年輕女性進入的「淡紫色」的花來裝飾，那麼格調一定非常的好。爲了要吸收一些「綠」，可配置一些觀葉植物。「綠」是相當於年輕人的顏色。

如果在四公里以內有山，會感覺到「近山」，這是接受山影響的範圍。如果旁邊是河川（一級河川），而且從岸邊算來，距離河川是河川寬幅的距離，則影響會最強。事實上，一公里左右的範圍都會受到影響。海也是在四公里處，會感覺到「近海」。例如，稱爲岸邊或濱海區的範圍，便會受到海的影響。

因爲方位的不同，所受到的影響也具有不同的意義，當然有分好與不好的情況。你也不可能因爲它不好，就移動山，或塡河、塡海。

如果山就在眼前，出入口又正好朝著山的正面，則生意的起伏會很大，請特別的注意。

好與不好的情況，其注意點列舉如下：

從辦公室或店舖看來，位於哪一個方角，有某一個程度的海或山、河川，請在次頁表當中尋求符合者。

另外，像橫濱或神戶這樣，受到山及海包圍，我們便視其爲受到兩方面的影響。而由於受到山及海兩方面的影響，則請看山和海一欄。

從歷史來看，我們可以很明白的看出來，愈是以這種自然的造形爲信仰的對象，人就愈認同其影響力。

隨著科學文明的發達，非科學的事情被認爲是「迷信」。現代人這種思考的

北	山	只要山不迫在眼前，最好還是接受山的影響。從業員、經營穩當。
	河川	注意多餘的花費。
	海	經營方面出現波濤。
東北	山	形成良好的財運波。
	河川	小心盜賊，經常發生帳目不合的情形。
	海	經營方面出現波濤。
東	山	最好是低而平坦的丘陵。經營方針、企劃力安定，具有長期展望。
	河川	對於流行的敏感。不斷地發表新的企劃並付諸實行。
	海	新人材開創新商品。
東南	山	多下工夫避免人潮不旺。
	河川	容易匯集人氣。盡量利用做爲顧客川流不息的商店或辦公室。
	海	向新行業挑戰。
南	山	努力獲得好評。
	河川	成爲華麗的店舖或辦公室，會創造流行。
	海	生意著重於企劃力。店舖創造超人氣的商品或訊息。
西南	山	平緩的山最佳。象徵著生意源遠流長。
	河川	從業員需要努力。特別要注意人際關係。
	海	專心從事本業。不要插手副業。
西	山	只要不是太高的山，即可使生意興隆。
	河川	生意不錯，但是金錢的進出也龐大。
	海	基礎大則能夠賺錢。適合輕鬆的店舖或辦公室。
西北	山	山高爲佳。最適合開連鎖店。山太靠近的場合，出入口不宜面向山側。
	河川	經營者必須使個人的財產安定。
	海	避免以碰運氣的態度經營生意。

傾向十分強烈，這是因爲在做辦公室或店鋪時，並沒有運用到這方面的智慧的原故。我們必須利用環境開運學的風水智慧，使店鋪或辦公室從自然當中，吸收威力，使生意興隆。

*****

如果要利用海、河川，成為使顧客滙集的手段，則水必定要非常的清澈。山勢如果過於陡峭，顧客就不會上門

*****

道路的拓寬及新大樓的建設使威力改變

店舖或辦公室很少會只那麼一家的蓋在大馬路上，通常大樓都會蓋在商店街或辦公大樓的街道當中，彼此的風水會互相影響。

如果你覺得最近的生意總是做得不好，請你檢查看看附近有沒有新蓋的大樓。倘若眞的有新蓋的大樓，那麼再請你檢查看看，這座大樓的角是否正對著你的建築物。又如果這座大樓的角正對著你的建築物，則你便會接受到凶的作用。

如果你要驅除這種凶作用，可以在這個方向植樹或擺一些觀葉植物。還可以掛一面鏡子，讓凶作用反射回去。

另外道路拓寬或有新的交叉立體道路，幸福的威力也會降低。

山或河川的工程等地形的改變，也會左右你的生意。在你舉目所見的範圍之內，如果有分割地，或者有山垮下來，則你也會受到影響。

就風水而言，地形是最重要的條件，所以在你的辦公室或店鋪附近有大型的建築物，有道路拓寬，則請你特別的注意。

新道路的建立會使交通量改變，或使得交通量減少，腹地和道路的高度改變等等，都會使你的運氣減弱。

必須隨時注意周圍的變化，切莫使威力減弱了。

＊＊＊＊＊

新的道路做好之後，因為交通量的改變，土地的威力也會改變。

＊＊＊＊＊

生意必定興隆的土地

在找尋好的店舖或辦公室時，第一要看場所，第二要看場所，第三還是要看場所。

一般人在看場所的好壞時，通常會看其人的流量多寡，或是否近車站。然而從風水的觀點來看，就是看是不是有會對這個建築物或土地有害，會產生凶作用的道路或建築物等等。

如果有別的建築物建在自己建築物的後側，彷彿在守護自己的建築一般，則此場所便為吉。因為進來的財產及進來的幸運都能好好的被保守住。至於左右，例如，面向的右側和左側，有像辦公室一樣高的建築物，分別挺立於左右兩側，也可算是吉的空間。此時面向右側，如果入口是在南側，則東側的建築物，會比西側的建築物還要好一點，亦即比較吉。

商店或辦公大樓的附近有小河流過，如果小河十分清澈，則爲大吉。正面的入口前面如果有公園或廣場，或有青翠茂密的路樹，那麼吉的作用也多。在風水上來看，植物結豐碩的果實，是屬於吉的作用。

要看這樣子的場所或不動產的時候，冬天時，正午去看最理想；夏天則最好是在日出時分去看爲吉。

在看這塊土地時，如果是下小雨，則對你而言，這塊土地便是大吉的土地。可是如果是下大雨或颮強風，那麼即表示這塊土地會有凶作用。如果自己去看這塊土地時，下著小雨，則這就是大吉之地。

高層的辦公大樓或店舖，在陽台或入口處的周圍，如果沒有放置樹木或植樹的空間，便是不好的。因爲這會使此處變成風太強的場所。

最近辦公大樓的屋頂上有蓋游泳池，這可視爲是將危險擺在上面，是不太好的建築物。

大阪的中之島，及世界上的紐約、曼哈頓等是屬於有河流匯集的都會區或河中沙洲之地，變成商業地的情形相當普遍。這從風水上來看，也是相當不錯的空間，因爲水能夠帶來商機。

＊＊＊＊＊

建築物的後側有高樓，則進來的財產及幸運，都能停留住

＊＊＊＊＊

這種土地容易引起糾紛

當你在找尋店舖或辦公室時，最好不要去找那些被大建築物圍繞的小建築物，因爲這樣的辦公室或店舖，會被周圍的壓力所壓住，而缺乏發展的威力。

接著正面入口面向高架道路、高速公路的建築物，也不能視爲吉。此種作用十分強烈，即使是威力再大的公司，也只會有短暫的繁榮而已。再來是往下坡的路走。

如果以建築在三角形的腹地上的建築物，作爲做生意的空間，那麼即使生意很好，也無法賺錢。即賺錢，也得不到人望，生意無法擴展。在稅金方面會發生問題，往往會陷於某種糾紛當中。三角形的腹地具有「回家」性質，因此，會有顧客回家的傾向。

同樣的，使用三角形的建築物，作爲做生意的空間，即使生意做得不錯，卻會對周圍產生凶作用，甚至發生不太好的結果。

關於三角形土地的利用法，盡量採取正方形的使用方法。至於角的部分，最好是種樹。三角形的建築物，最好將角改成圓形，或不要將銳角的部分對準他人。而倘若有其它建築物的角對著自己，則可以相同的方法來應付。

三角形的土地或建築物會使生意上的弱點增大

電線附近的吉凶差異大

如果你的辦公室或店舖，靠近電線的正下方，或在電線的附近（四百公尺以內），那麼便會接收到強烈的電線的威力，吉凶的差異會很大。

爲了要預防電線帶來的凶作用，使吉的威力上升，可依電線方位的不同，放置幸運顏色的物品。

想要產生吉作用，例如，可以在電線的下方種植青翠的植物，盡量保持青翠的綠色，並在你的店舖或辦公室，靠近電線的一側，放置觀葉植物。如此便能很柔和的提高吉的威力，使其進入你的店舖或辦公室當中。

吉凶的差異之所以會那麼激烈，是因爲建築物的形狀或外牆的顏色、電線等的影響所產生的。

一般而言，只要你記住利用幸運的顏色及觀葉植物，那麼建築物就可以不必接受到凶作用，可以使生意興隆。

＊＊＊＊＊

在電線的方向放置幸運顏色的物品

＊＊＊＊＊

深入店舖或辦公室的風水處理很重要

辦公室或店鋪的道路，在風水的處理上也很重要，比較深入的辦公室或店鋪，其最主要的問題就是從道路一直到入口的通道。

從道路到入口，如果有筆直的通道，則給人的感覺太過於強硬，客人比較不願意進入，對於生意會產生負面的影響。

通道的寬度如果是接近道路的那頭比較寬，愈深入裡面就愈細，那麼生意就會在中途停止。客人走到一半，就突然不想進去了，在此情況之下，裡面比較狹窄的部分，就必須用照明加以處理。

反之，相對於店鋪或辦公室，通道如果過於寬廣，則氣便容易流出去。此時最好用一些比較緩和的幅度的通道來表現，並巧妙的利用圓形來掌握運氣。

只要通道不要過於急緩，平緩的上下，則便不會有特別的作用。一般而言，辦公室或店舖，以平坦為吉。

另外，在商店前有一棵大樹，如果在樹蔭下設置出入口，則生意也不會興隆。

同樣地，如果在出入口處有一根電線桿，那麼在電線桿和出入口之間種植綠色植物，便可預防威力減弱。

＊＊＊＊＊

創造使客戶滙集的「氣」流

＊＊＊＊＊

雜居大樓的辦公室，承租人的選擇方法

「門」對於一個商店的風水來說，佔有舉足輕重的地位。從周圍的狀況來看，應該確認門周圍建築物的角，是否有朝著此扇門，或者道路有無沖到此門，再將門的角度，依上述的狀況作改變。

在相同的建築物裡，有三家相同的商店比鄰而居，在這三家商店中，正中央的那一家，財產會被其它的商店吸光。另外三片門並排的辦公室或店舖，它們也完全不具威力，尤其是正中央的店鋪，可說一點威力也沒有。

如果你擁有這樣的商店，那麼，你應該將門的顏色完全改變，或徹底的變化門的形狀。

而如果門的正面就是電梯，則因爲氣太強了，這種商店也無法生意興隆。此時應該改變門的角度，不要和電梯平行。或者是乾脆改爲木製門，或方位相合性

佳的顏色的門，有鏡子或金屬製會發光的門也不錯。

門正對走廊的正面，也會產生不好的作用。門的正面有礙眼的大牆壁也不好。此時應該將走廊設計得彎曲一點，從走廊的彎角，大約看到三分之一的門。倘若做不到，那最好的方法就使用幸運顏色的門。

如果有出入口，則盡量做左右對稱的門，如此便可防禦外敵，也可防止氣跑掉。請務必遵守。

若你的辦公室、店面的附近，或門的正面有醫院，或者有放出陰能源的建築物、有用石頭蓋的大型建築物等等，則應該在出入口門的部分使用紅色，藉此將陰的威力反彈回去。另外，如果附近有會產生陰的威力的葬儀社、火葬場，及墓地等等，則可以使用紅色或金色來補充陽氣，使運氣提升。

*****

如果客人減少，則將出入口的金屬物擦亮

*****

第三章

在「生意差的時代」中
創造「生機」的風水

外牆顏色的風水

站在風水的角度來考量一家商店，那麼最重要的問題是，這家商店和周圍的環境，如何保持平衡。

招牌或外牆的顏色等等，只要能和周圍的環境保持平衡，那應該就不會有什麼問題。因此，不論是怎樣的環境，我們最好都能夠反過來利用這個環境。即使是無中生有，那也是沒有辦法的事情。

接著稍微來說明一下外牆顏色的風水。

・茶色

茶色系，是表現沈著與豪華的顏色。

對於年長的經營者或資金來源充裕的人而言，可以形成好的商店或辦公室。

・白色

用在辦公室、店舖或大樓最多的顏色就是白色。任何人使用白色都很好搭配，不過容易髒卻是最大的缺點。一旦白色變髒，則幸運也會減低。

在選擇中古商店或辦公室時，舊的白色外牆如果有髒污，也不好。

・藍色

這是不適合做生意的顏色。倘若運用在做生意上，則欠缺華麗。

尤其是個人工作的場合，對於外部缺乏溝通的管道，對工作不利。

・灰色（水泥的顏色）

灰色是內藏事物的顏色。

不適合華麗工作或性格的人，對於蘊含實力或金錢的人而言，應該不錯吧。

・乳白色

不會出問題的顏色，對任何人都沒什麼不好。

不過很難表現出個性，所以不適合擔任設計等職業的人。

・淺灰褐色

橫向的關係不好，但對於不願被周圍包圍的人而言，倒是蠻適合的。

・粉紅色

雖然人際關係很好，但是不適合大型的建築物。

・綠色

綠色的建築物或辦公大樓，會讓人有穩當、安心的感覺，但卻欠缺發展性。

開始要衝刺的年輕經營者，最好避免這種顏色。

・從遠處看，閃閃發光的建築物（黑色磁磚、不鏽鋼、金屬製品等構成外牆的建築物）

容易流於個人主義，太過於重視自己了，是很適合從事設計的人。

・玻璃

是屬於陰的能量強的建築物，會使商店或辦公大樓受到陰氣的影響。

必須在室內設計方面下工夫，補強陽氣。但對於經常使用個人電腦的職業，卻沒有什麼不好。

・石頭（花崗石等等）

石頭也會帶來陰的能源。

依石頭顏色的不同，而有不同，可是顏色愈暗的石頭，陰的能量就愈強。

對於年長者或有錢人尤爲合適。

明亮彩色的石頭（紅色等），無論年齡或職業別均可。

無論如何，外牆的顏色都以接近白色的暖色系或淺灰色爲佳。另外，外牆與窗戶的平衡也有陰陽。牆壁是陽，窗戶是陰。窗戶與牆壁的比例最好是一比一。

就像高樓大廈林立一般，平房或兩層建的商店林立，也可利用其威力。

如果身爲高建築物中的低建築物，爲了不產生弱小的印象，可用短布簾設計得傳統一點，給人一種歷史味道的感覺。商品或室內設計，都應該盡量有高級感。

想要累積財富，暖色系的建築物為吉

屋頂與窗戶的風水

店鋪的外觀具有重要的意義，在此說明屋頂的吉凶。

尖銳的屋頂，火的作用太強了，員工不僅容易流失，而且也比較高傲，無法在商品或生意上下工夫，所以在營業方面比較辛苦。

平緩、稍微有一點傾斜的屋頂的商店或辦公室，運氣比較好。

典型金字塔形的屋頂，代表著墳墓，而既然是墳墓，就具有陰的威力，會妨礙發展。尤其屋頂設計得接近地表的例子，最符合這種情形，必須特別的注意。

近來由於空調的普遍，所以很多大樓都不開窗戶，可是對風水而言，自然風是最重要的。使室內的自然空氣流通，也可以提高運氣。

當你覺得事業不太順的時候，請試著從窗戶看看外面的景色。窗戶外面的景色，會對你的生意產生大的影響。例如，窗戶外面有Y字型的道路，正前方看得到大的建築物，即使打開窗戶，也看不到外面時，則從窗戶流入的就是使得工作運降低的氣。此時可以利用窗簾，將窗戶遮住。

如果窗戶是屬於格子形的窗戶，則因爲窗戶的玻璃被切成小塊，所以幸運的進入也會隨之縮小。倘若做生意的運氣減弱，那麼請確定看看，自己的窗戶是不是屬於這種形狀。

上下滑動式的窗戶，有人稱其爲「斷頭台」，所以許多人都不喜歡這種形式的窗戶。內開的窗戶會妨礙成功或財運，而向外全部打開的窗戶，在風水上則視爲吉。如果你的生意運氣降低，那麼請檢查你的窗戶。

*****

內開的窗戶會妨礙成功或財運，請改為外開的窗戶

*****

隔間的風水

南北長隔間的店面，因爲南北是表現文化及知性，因此，無論從哪一方面來說，都是以重視感覺的商品爲主，必須要創造店鋪及所販賣的物品其高級的感覺。

東西長的店面，與其販賣傳統的物品，倒不如販賣一些比較奇特的商品來得有利，最好是價格便宜一點的東西。店內以花來裝飾，打造將空間利用到最大極限的簡單設計。東邊具有發展的威力，西邊具有銷售的威力，所以容易產生新的構想，可說是具有行動力的辦公室或店鋪。

此外，賣場的隔間具有L型、凹型、凸型等等，有缺陷或凸出來的，則最好將其調整爲正方形的賣場，或作爲辦公室的空間。

最好是能夠維持能源的平衡。

在有缺陷之處，其方位的能源就會降低，反之，若是凸出來，則其能源便有正面的作用。亦可在凹陷處種植植物，藉以提升威力。凸出的部分可以設計廁所等流水的場所，來使威力平衡。

*****

南北長的店面，必須設計成具有高級感的店；

東西長的店面，則以奇特取勝

*****

外觀與花園的風水

在辦公室或商店，與道路的邊境做個圍牆或花園造景，可以提升運氣。但在造花園的同時，一定要考慮到與建築物取得平衡，且必須陰陽協調。關於這一點，有另外詳細介紹的書本，在此只稍微提及。

如果建築物有不自然的突出或凹陷，那麼就必須種植盆栽，來消除這種「凸出」或「凹陷」。換言之，即將這種吉凶，利用盆栽或種樹來緩和。使吉相之地更爲吉相，凶相之地轉爲平安之地。

例如，在建築物凹陷處，造庭園、種樹，那麼便可以使這部分的威力提升。一般而言，凹陷的部分可以種植二至三公尺左右的常綠樹木。

倘若周圍有高的建築物，太陽無法照到庭院，則可以利用種植植物來補救太陽的威力。亦即依照高矮順序種植植物，藉由植物來隱藏周圍的建築物。也可以種植一排盆栽，固定在籬笆上。

就風水而言，在造庭院時，重要的，在這一年的凶方位，不可以挖掘洞。從家的中心來看，如果在凶的方位挖掘洞，即使建造再漂亮的樹木，建造再美麗的庭園，結果都會使家運下降。不僅如此，你的家人也有可能會發燒，導致身體的狀況不好。

以一九九八年爲例，從房屋的中心來看，如果在東北方或西南方挖洞，種植盆栽，則爲凶。挖掘三十公分以上的洞來種植植物，那麼凶作用就會出現了。

而如果在這個方位種些小花，倒是沒有什麼關係。即使是如此，也必須用米、粗鹽、酒和水來親近這塊土地，方能在上面種植小花，這是相當重要的。

另外，若要替在這個方位所種植的樹木剪枝，或作切割，方位的凶作用便會出現。如果眞的要剪枝，請選擇在冬天的時候剪。

種植盆栽的理論之一就是在建築物的角落種植樹木。這是因爲在建築物的角落有盛雨水用的直立導水管，種植樹木可以讓它看起來漂亮一點。而從風水的觀點來看，也不可以將自己建築物所產生的凶意，播散到其他人的房子。

房屋整排並列、層次並列，是使建築物的威力安定的重要因素。然而彎曲的道路、土地、城市、建在路邊的房子，建築物的角就會向著其他人的房子。當然你的房子的角，也會向著其他人的家。

此時，你的房子就會對其他人的房子產生凶的作用。

在這種場合下，你應該在你家的角落種植樹木。藉由植樹，將角隱藏起來。如此一來，凶的威力就不會播散到別人的家。

相反的，如果是別人家的角落，對著你家的方向時，對方房屋所產生的凶意，自然而然就會進入你家。

此時你可以在自家庭院，正好對著對方房屋角落的部分，種植常綠的植物。切勿說自己房屋的角對著別人的屋子就沒有關係。當然，如果自然環境就是如此，那麼我們便可藉由植樹，來預防別人的房屋所產生的凶意，使其不侵犯到自己的房屋。

如果你和隔著道路的對面鄰居，或者是自己隔壁鄰居的人際關係不太好，也可以種植常綠的樹木或帶有香味的樹木，這具有使緊張的人際關係緩和的效果。

「西邊黃色」是使生意興隆的鐵則，結黃色果實的樹木最好。

東南方可以種植一些小東西，當然以種植常綠的樹木最好，如此可換來財運，可能的話，最好種植四株。

另外，在做生意方面，人際關係非常的重要。而爲了要提升你的人際關係，所以在東南方可以種植白色的花。

東、西北、西南這三個方位，對於生意興隆非常的重要。東方具有發展及幹勁；西北方具有好的支撐的威力；西南方則是保守家庭的方位。如果家庭不和睦，則做任何事都容易碰壁。

東側最好是結紅色果實的植物，西北的樹木最好是圓形的造型，否則將樹枝弄成圓形，也有助於事業運。西南側則最好種植直線造型的樹木。

✽✽✽✽✽

「西邊黃色花」、「東南邊常綠樹木」、「西北邊圓形樹木」

✽✽✽✽✽

停車場在地下室或屋頂上的商店

將會放出汙穢漬物的物品，置於建築物的上下，會使建築物的運氣降低。會排出瓦斯、廢氣的車子，置於地下室或屋頂的停車場，是不太好的。如此恐怕營業的成績只會到達某一個水準之後就停止了。

這種場合，請以白色的塗料修飾天花板及地板。經過白色的淨化之後，可以避免接受凶作用。

＊＊＊＊＊

讓排放廢氣的汽車置於建築物的上下方，會導致建築物的運氣降低

＊＊＊＊＊

與你的職業相合性佳的方位

從辦公室的中心來看，每一項職業都有其最重要的方位，亦即每一項職業都有其相合性最佳的方位。藉由這種吉方位的威力所提升的風水術，可以使自己的生意興隆。

例如，我是從事和建築及不動產有關的工作，必須隨時保持鬼門線東北—中心—西南的整潔，以提升其威力。如果現在的生意稍微不好，就在此處擺置石頭或水晶，並放置四個角非常堅固的家具。

林業、造園業、製材業、家具製造業等等，應該最重視東方和東南方。可以在這個方位放置木製家具或觀葉植物。

小本經營或和金融有關係的行業，應該將北方的位置徹底的清潔。請再加上檯燈等柔和的照明。

運送業、旅行業、貿易業等等，必須重視北側的清潔。請放置活潑、有朝氣的植物，或者是暖色系的花。

汽車、機械設備、金屬等相關行業的人，應該維持西方及西北方的整潔，並且在這個方位放置有價值的物品。

＊＊＊＊＊

小本經營、金融業要保持北方的清爽；汽車業、與機械相關的行業，要保持西方、西北方的清爽

＊＊＊＊＊

正方形的房間為吉

如果你的生意現在做得不是很好，那麼請調整你的辦公室、會客室，及老闆室，成爲正方形的房間。可以利用隔板隔成正方形，或者是用觀葉植物來區隔。請將你的桌子置於此正方形的空間當中，如此一來，你本身的運氣就可以正常的作用。

使用具變化的三角形，或是梯形辦公室的你，請將自己的桌子，放置在正方形的空間裡，再確實的實行西邊黃色、東邊紅色……等風水的室內裝置。

*****

辦公室、會客室、老闆室以正方形為吉

*****

桌子一定要擺在幸運區上

思考的空間方位也是很重要的。要使公司運氣良好的方法，職員辦公室及負責人所使用的空間位置，是很重要的問題。

從辦公室的入口來看，如果位於大樓的正中央，則可以使幸運流入，我稱此爲幸運區。

換言之，從入口、中心，沿著對角線所連接的區域，可說是辦公室當中，威力最強之處。倘若將負責人的辦公室設於此，則會使公司的業績伸展。如果是一個部門的課長、經理，其辦公室位在此處，也可以使公司不斷的向上。

幸運區的空間大概是整個大樓的三分之一左右，若以房間丈量，也約莫是房間的三分之一。負責人或店長的辦公桌擺在幸運區上，可以使這個商店或企業非常的走運。

風水術的效用很容易顯現，請你努力的工作，你的生意一定會非常的興隆。反之，如果職員或店長、負責人的辦公桌，通通沒有在這個幸運區上，那麼，請你調整辦公桌，利用風水術，提升整個企業的運氣。

如果你從事的是與營業有關係的生意或商店經營，那麼請在辦公室的周圍，放置紅色的物品。紅色具有活潑、有朝氣的東邊的運氣。在營業方面，最好不斷的往外面發展，這樣才是最好的。

這種辦公桌的風水，也可以應用在因爲營業，經常需要外出的工作上。與營業有關係的人，請在桌子的周圍放置紅色的物品。

從事具有創造性的企劃辦公室或店舖，可以在辦公桌的周圍，放置綠色的物品，椅子也請用綠色的。

如果是經理的辦公室，那麼底色以白色爲佳。在辦公室或商店當中，從事事務性工作的你，也可以利用白色。

除此之外，一般的小本經營或餐飲業，請在桌上或桌子的周圍，放置黃色或粉紅色的小東西。

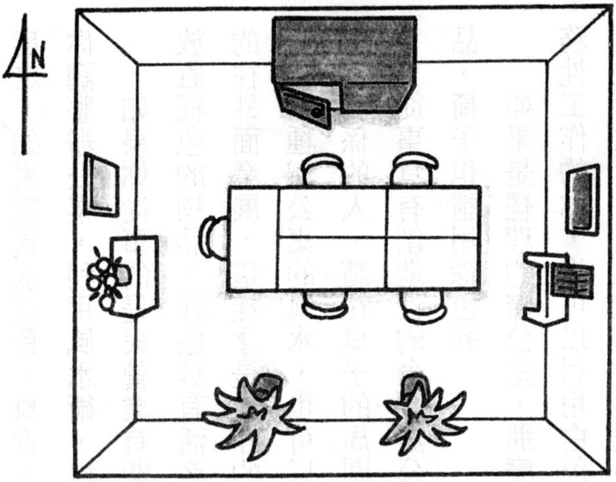

儘管你在桌子的周圍都佈置妥當，但如果桌子的空間是不具威力的，那麼無論你怎麼做，你的風水都好像陷於泥沼之中一般。因此，也必須在辦公室的空間進行簡單的吉相作戰。

調整環境最簡單的方法，就是在有辦公桌的房間中心來看，西側放置黃色的花或小東西，如此可以使你的生意或財運提升。

東邊放置紅色的東西，也有助於生意的提升，亦可提高出外工作的營業威力。

南側放置一對觀葉植物。綠色及南方可以使你的員工、你的店員，提高其才能和企劃力。

北方放置黑色系的家具，可創造一些比較穩重的空間。放置保險箱，可以提升「財富」的威力。經理最好在北側，在此處放置保險箱、金融資產或存摺、印鑑等等。而且保險櫃的門一般應該向東或南。

再者，鬼門白色，在這裡應該保持乾淨，如此公司才不會發生事故或災難。在這個動盪不安的時代裡，根本無法得知何時會發生何事。

我們經常說：「與其經常穿著名牌的衣服，倒不如穿著幸運的方式，反而可以使自己的生意更好。」換言之，要隨時將幸運穿在身上，才是最好的。自己一定要隨時攜帶幸運及便當。

關於桌子周圍的裝飾，營業方面為紅色，企劃方面為綠色，事務性方面則為白色

入口風水的重點

入口是運氣進入的重要場所。

無論你的入口在哪一個方向，只要你注意到風水上面的重點，那麼大致上不會有什麼問題。

(1) 入口處必須明亮

(2) 入口處必須夠寬廣，可容納許多人進入

(3) 入口處的正面必須沒有障礙物

創造顧客一打開店門，五、六步就可以進入店裡面的氣氛。

從入口處進入的幸運之氣，經過房間的中心，一直往對角的方位移動，所以如果在這個幸運區的中心，設置顧客的座椅，便可提升店裡的運氣。在此處也請設置可以使店內運氣提升的簡單照明。

此外，辦公室或店鋪的正面最好不要向著電梯。門的正面最好也不要有樓梯，而且也不可以放置大片的鏡子。

門的正面有一個大窗子，使外面看起來像圓形的，也不太好，因爲從門口進來的幸運會跑出去。另外，大廳狹窄、黑暗，也是凶。必須將大廳設計得寬廣一點，並利用照明來提升店裡的威力。

*****

創造走進店門五、六步後就可以很自然地進入店裡面的氣氛

*****

提升東西南北入口威力的方法

風水的基本就是方位。東西南北方位所具有的「力」的特徵，就是風水的原理。

例如，太陽從東方升起，從西方沈下，北側照不到太陽。冬天風從北方吹襲，夏天風從南方通過北方，像這種現象是不變的。每個人都可以平等的利用這種原理，這就是風水的基本。

那麼，如何實際的將這種風水運用在自己的店裡面呢？如果你希望自己的商店、自己的辦公室是留得住幸運的地方，則首先請你思考東南西北正確的作用是什麼，並且從風水的觀點來看，你商店的特性又是如何。

風水會配合環境，自然的加以改善，只要環境改變，思考方式也會改變。一旦思考方式改變，行動也跟著改變。像這樣，無論是怎樣的商店或辦公室，都能夠接近理想。自己希望開的是怎樣的商店，你必須要有具體的想法，並且巧妙的活用風水。

風水認爲幸運是從入口進入，而因入口方位的不同，幸運的特徵也不同。辦公室或每家商店的入口亦皆不相同。每家商店所販賣的物品，其業績及特徵也不同。但風水卻能教你簡單的活用這些特徵的方法。

實際上，入口是在東西南北的某一個方向，在這四個方位當中，一般人認爲可以產生四分之一的威力，可是如果東西南北的特徵無法好好的活用，或你想活用其它方位的特徵時，方位也是非常有效的。

・東側入口

東入口是太陽的方位，洋溢著專司發展及起頭的威力。入口在東側的商店，充滿著威力，是最適合充滿幹勁的年輕人的商店。倘若經營者也是年輕人，則運氣會更好。不過因爲威勢太強，往往容易有新技術的導入，因此，必須配合冷靜的思考。

入口在東側的商店，如果要提升威力，因爲它和能夠出聲的物品相合性最佳，可以放置電視或擴音器，設置「歡迎光臨」或「謝謝光臨」等的機器設備。另外，如果再裝飾紅色或藍色，或者放置方便顧客使用的個人電腦也不錯。

爲了使早晨的太陽能夠順利的進入，在出入口的周圍，必須設計得簡單一點。玻璃的部分多一點，可中和只一味的求取新的技術，但卻無法深入的缺點。

東——中心——西，這個幸運的區域，最好不要有和水有關的場所。

・西側入口

西側入口是象徵著羅曼蒂克、會話、生意、快樂用餐等等的方位。

入口在西側的商店，會聚集一些收入雖然不多，但是人緣卻很好的人，可作爲附近的社交場所，十分受到歡迎。

商店設計得非常華麗，可是收入卻都原封不動的又流出去了。在金錢方面，往往會出現糾紛，而且會被其他同業惡意中傷，使得大好的機會逃掉，此時請你務必增加店裡的威力。

要增加出入口在西側的商店之威力的方法，就是利用黃色、粉紅色、茶色等相合性佳的顏色，並裝飾這些顏色的花。室內設計也利用這些顏色。如果在出入口附近設有水的場所，則會加強金錢方面的損失。

・南側入口

南側的入口是具有美的意識、藝術、社交性作用強的方位。因此，如果是技術非常優秀的商店，和顧客的相合性又非常好，那麼顧客一定會持續的上門。

但卻往往容易拘泥於技術，與顧客相比，變成容易以自己爲主體。過度將時間耗在一位顧客上，因而給人頑固、不知變通的印象。

使南側明亮，是做生意的基本。

提升南側威力的方法，因爲南側和綠色及光的相合性非常好，所以同樣的，也是放置一對相同大小的觀葉植物。將會發光的物品結在觀葉植物上也很有效果。此外，利用照明器具來提升威力也是一個方法。如果南方爲吉相，則工作運也會提升。

·北側入口

北側入口是使精神集中最重要的方位，如此可以獲得信任。不知是否爲此原故，所以顧客比較多。不過雖能保持傳統，卻只能薄利多銷。如果以北方爲吉相，則是屬於可以獲得大利益的好風水。

要提升北方威力的方法，因爲北方和粉紅色、橘色、酒紅色等的相合性非常的好，因而可以用這些顏色來裝飾。如果入口是在北側，那麼，就必須在入口的附近設置照明器具，使得入口處明亮。如果沒有入口，就擺置裝毛巾或化妝品的大型家具。

*****

環境改變，思考方法也會改變；
思考方法改變，則行動也會改變

*****

玄關前的風水

入口門的方位也是相當重要的重點。玄關是「氣」的入口，換言之，即幸運區的入口，因此，門正面的風水非常重要。

因為門是依照職業的種類、店舖及事業主人的運氣而設置其位置的，故正面的風水便具有其意義。

當店舖、辦公室的正面面臨細窄的陸地，或被大的建築物、大的牆壁正面擋著的時候，就必須改變角度，以預防這種情形，這點十分重要。

被巨大的建築物所包圍著，使得自己的入口正面面臨著細窄的土地，則會降低辦公室的運氣。

如果正面有立體交叉的上升坡道，或者是立體交叉，那麼就必須注意，不要讓這些立體交叉位在自己的正面，否則就將自己的門設計在比道路再下方一點，使得道路寬廣一些，或者是在與道路的境界之間種植樹木，以預防立體交叉的凶作用。

*****

如果正面面臨細窄的陸地或大建築物，那麼就必須改變門的角度

*****

要成為「生意好」的商店的七項要件

(1) **入口明亮**

無論入口位於哪一方，都必須非常的明亮。入口的明亮度，代表這個店的朝氣，所以除了使用照明器具之外，也應該鋪上與各方位相合性佳的顏色的墊子。

(2) **不要放置與入口正面直衝的高大物品**

無論入口位於哪一方，都是一樣的，而且因爲幸運區就是幸運的通道，所以不可放置一些會阻礙運氣通過的物品。

入口正面放置展示的商品，也會令人感覺到深入。

(3) **乾脆使入口的周圍空盪**

創造會使顧客的雙腳走到店內最深處的設計。

(4) **有兩個入口時**

好像兩邊都塞住似的，客人不容易進入。

以商店的利弊條件來看，如果販賣場所的面積在一百坪以下，那麼還是以一個入口，效果爲佳。

(5) 商店在角落時

意外的，客人不容易進入，此時盡量將入口設計朝向南方或東方。

(6) 利用幸運區

幸運區上用和各入口的方位相合性佳的顏色來裝飾，而且在店裡的中央，必須保持非常的清爽、明亮，以花來裝飾，可以提升運氣。

(7) 注意幸運區上的排水

爲了要提升威力，幸運區上的水流，必須隨時保持清潔。

*****

入口處明亮代表這個商店的朝氣

*****

通道的風水

門口的威力相當重要，盡量用適合這個方位的華麗的花，例如，西南方，就用黃色、紫色的花來打造通道。

汽車的通道和人走路的通道，如果具有共用的部分，就風水的觀點而言，並不是很好。因爲車和人的格本來就是不同的。但如果非得使用相同的空間不可，則必須改變地板的材料，來當作區別。

另外，在通道途中的腳下照明或街頭燈等等，也會帶來風水上的吉凶。

☆通道……………………………………………………★

・平面的通道

如果道路和玄關是平坦的通道，陰陽的通道是普通。如果在南側，則具有陽的威力；如果在北側，則具有陰的威力。

・要上樓的通道

必須爬樓梯才能上去的通道，具有陽的威力。如果在南側，陽的威力更強；如果在北側，則在陰的力量當中，會稍微帶點陽的威力。

・要下樓的通道

近來因爲建築物的高度限制非常的嚴格，所以有很多都是屬於要下樓的通道。因爲風向不同，往往會使得道路的灰塵都聚集在玄關，所以，必須要隨時注意讓向己的通道不要累積太多的灰塵。

另外，下大雨時，也要愼防淹水。下樓的通道充滿陰的威力。

☆地板的材質……………………………★

・磚瓦

磚瓦的顏色從所燒出來的單純顏色，一直到變色的磚瓦，顏色有相當多種。如果是使用磚瓦，那麼，用在任何方位都不會有問題。

・磁磚

磁磚因爲大小及顏色的不同，威力也不同。使用在地板的磁磚，最好不要會發光的。

表面光滑的磁磚，也要擔心下雨天時的安全。從顏色來看，暖色系具有陽的威力，寒色系具有陰的威力，全黑的磁磚，陰的威力太強了，會使上門的顧客減少。

・石頭

石頭具有強烈陰的威力，如果石頭是黑色的，則陰的威力就更強了。如果要使用花崗岩，那就不要使用黑色，可改用紅色花崗岩或白色花崗岩。大理石也以暖色系爲佳。

最近經常可見利用舊石頭創造出的，像歐洲一般石頭重疊印象的通道。除了人工古董之外，我們也可以常常看見從英國、比利時、澳洲等地進口的石頭。

在舊有的石頭當中，有些背負著厄運，所以在使用之前，應該用粗鹽將其淨化。

・脚踏石

腳踏石有一個接著一個鋪的延長腳踏石，也有隔一段距離才鋪一塊的腳踏石，更有兩種混合等三種類型。在腳踏石旁邊，有的人會鋪碎石，有的人則會種植植物，以保持陰陽平衡。

曲線的腳踏石充滿陰的威力，直線的則充滿陽的威力。圓形的石頭屬於陰的威力，四角形的石頭則屬於陽的威力。像北方或西方等陰的威力強的方位，就應該使用陽威力強的四角形石頭。

反之，如果是位於東方或南方等充滿陽威力的方位，那就該使用陰威力強的圓形石頭。

・鋼筋水泥

水泥可分爲表面光滑的完工型，及表面非常粗糙的粗糙型。可是不論其完成時的樣子如何，它都具有陰的威力。用水泥打造的通道，看起來給人一種落寞的印象，可以用花等的植物來改變。

＊＊＊＊＊

入口處應該配合方位，裝飾適合顏色的鮮豔花朵

＊＊＊＊＊

門的設計的風水

店鋪或公司的玄關，即主要出入口的位置，非常的重要。最基本的就是店鋪的出入口或公司的玄關，設計在建築物的哪一個位置。這是依照道路的方位、人的流向，以及風水等地形環境，來解讀運氣的基本。

平時是在角落，而且如果建築物不是非常大，兩方道路上又有出入口的門，則幸運便不會留在店鋪或辦公室中，反而還會產生凶的作用。

如果是在轉角地，佔地面積又在一百坪以下，便應該避免設置兩方的門。基本上，請從吉方位的門出入。

倘若門設在道路的正面，彷彿直衝至建築物的位置，在風水上也不被看好。此時就應該離開道路的正面，改變門的角度。

此外，門可分爲比道路高、與道路齊、比道路低等三種類型。

若要設計較氣派的門，則門就必須是比道路高，再來設正面的玄關。門本身及其周圍當然也要加以裝飾，在風水上，才可視爲吉。

門的位置與道路齊，則道路的運氣及其直線流動，均會原封不動地被此建築物所吸收。此時請設計簡單而可予人厚重印象的大門。

出入口如果設計得比道路還低，則爲了要讓別人意識到門的存在，最好是使用明色系，不過與其太過華美，倒不如設計簡單的門，對於店舖和辦公室才有益處。

和店舖或辦公室比較起來，門如果顯得太大，則不會產生什麼良好的作用，最好是大小能夠適中。反之，過小的門，也不會有什麼好的效果。

一個入口的空間，基本上大約是佔地的十分之一左右。

門的正面正好對準某棟建築物的角，或是在兩條道路所夾的Y字形道路的正面設計門，都不好。

日本山一證券的建築物，它的門設計朝向鬼門的方向。它的門設在從西北往東南走的道路的正面，此門就是所謂的裏鬼門。雖說裏鬼門對於和建築、土木有關係的公司而言，爲吉，但是對於金融、證券公司而言，卻不太好。

如上所言，如果門對著鬼門線，那麼，最好在自己的中庭或大廳，種植一些樹木，如此可預防凶作用從門進來。

停車場也是一樣。如果用橢圓形的造型，再配合停車場，設計圓形的花圃，則大幸運的威力便會聚集在入口處的周圍。

出入口門的附近，一定要明亮，方爲吉。例如，店舖等設計明亮的霓虹燈，在風水的觀點上便視爲吉。當然霓虹燈也必須配合幸運的顏色，及方位相關的顏色，並且還要運用與公司相合性佳的顏色，這是很重要的。

如果你現在的生意做得不是很好，那麼請你檢查自己的照明是否夠亮，再配合霓虹燈的設計，使入口處的風水稍微氣派一點。

＊＊＊＊＊

問題重重的山一證券其建築物的門設計得像鬼門

＊＊＊＊＊

你的「吉相門」位在哪一個方位

你所承租的辦公室，其入口的吉凶，大大的受整棟大樓及辦公室主要入口的吉凶所左右，這是適用在任何人身上的一般論。其實每一個出租大樓的店長，他本身就擁有屬於自己方位的吉凶。如果除了主要出入口外，尚有其它出入口，那麼，請選擇對你而言是「吉」的門進出。

從這個方面加以考慮之後，再配合每一個執務的房間門的吉凶。房間門的吉凶，必須與桌子的方向相互配合。關於這一點，請參考出生年月日的表。我想一定有很多人會爲這件事而煩惱。

公司主要門的方向或許與自己的方向不配合，但你也可能會因此找到其它可以與你的方向相配合之入口的門。

如果你找到和你方向相配合之門的方位，那就請你使用這個出入口。

＊＊＊＊＊

正因為是每天要進出的門，所以吉凶的差異會非常的大

＊＊＊＊＊

依出生年別、門的吉方位及桌子的方向

		門的吉方位	應該避免的桌子坐向
一白水星	男	北	北
	女	西北	西北
二黑土星	男	西南	西南
	女	東南	東南
三碧木星	男	東	東
	女	東	東
四綠木星	男	東南	東南
	女	西南	西南
五黃土星	男	西南	西南
	女	北	北
六白金星	男	西北	西北
	女	南	南
七紅金星	男	西	西
	女	東北	東北
八白土星	男	東北	東北
	女	西	西
九紫火星	男	南	南
	女	西北	西北

旋轉門使得幸運容易進入

站在風水的立場，旋轉門視為大吉。但若不是有相當程度大小的辦公室或店舖，就很難設計旋轉門。

人從旋轉門進入入口區，在此風的屏障，有人進入，視為吉。

大阪御堂筋的大阪日航飯店一樓的入口，即設計橢圓形的旋轉門。

我之所以會提大阪日航飯店，就是因為有這扇橢圓形旋轉門的緣故。不過從御堂筋直角進入的停車場的地方有旋轉門，而且從這裡進入之後，正面就遇到了上下樓的升降梯，十分可惜。

倘若旋轉門能稍微偏離正面一點，那麼，日航飯店的吉相更能顯現，客人也會跟著上門。

另外，如果旋轉門設於御堂筋的旁邊，則客人就會更多，可以成為更高級的飯店，實在是很可惜。

*****

大阪日航飯店的橢圓形旋轉門為吉

*****

正面門正當強風為凶

辦公室或餐廳等等的入口，需要稍微寬敞一點的空間，才能使幸運流入。如果空間不怎麼寬敞，那就要巧妙的利用陰陽平衡，藉以提升幸運之氣。

位於門正面的鏡子，會產生大凶的威力。位於左手或右手邊的鏡子，則可以補氣之不足，爲吉相。當然不要忘了，在鏡子的旁邊種植植物。

如果你的生意做得不太好，或公司的生意愈來愈走下坡，那麼，你就應該檢查看看，在強風之日，風正好會吹進你的店鋪或大樓；檢查看看，在自己入口的門處，是否因爲強風的吹襲，而有許多灰塵、垃圾堆積。

如果你的辦公室或店鋪入口，正當強風口，那麼，你可以種植盆栽或設置圍牆，創造一間通風佳的辦公室或店鋪。也可以改變門的角度，達到遮風的效果，提高做生意的運氣。

*****

強風會使灰塵堆積在自己的門前，會降低你的運氣

*****

櫃檯的風水

如果門的正面非得要有牆壁，那麼可以作格子狀的設計，以達到隱藏的效果，如此可提升辦公室或店舖的繁榮。但是如果幸運的威力被設計給隱藏起來，則會阻礙到幸運。

如果入口處正當一根大的柱子，那麼這根柱子會阻礙店舖及辦公室的幸運之氣，並減少顧客上門的機會。假使眞的遇到這樣的狀況，可以在柱子的角邊擺上植物，將角遮起來。

如果是屬於採光不佳的空間，則可利用許多的照明，讓入口處顯得非常的光亮，並充滿朝氣。

在公司主要入口處的正面，設置櫃檯小姐不太好。

同樣的，在入口處的正面，放置四角形的桌子、沙發或椅子，也會導致客人不喜歡上門。在這樣的狀況下，最好設計在正面的左右，或設計成不會妨礙幸運流入的圓形或橢圓形。

＊＊＊＊＊

在入口處的正面設櫃檯，會使上門的顧客減少

＊＊＊＊＊

順利辦公室的室內設計風水

辦公室的室內設計，牆壁的顏色以灰色、乳白色、淡綠色爲吉。所謂暖色系就是像紅色、粉紅色、橘色、紅紫色等等的顏色。而藍色、綠色、茶色，一般稱爲寒色系。白色則爲中間色系。

辦公室如果過度傾向寒色系的設計，職員狀況好的時候還好，一旦職員的體力不好或運氣稍微不好時，業績就會不斷的滑落。所以，奉勸你還是創造稍微偏向暖色系的辦公室。

此外，最好在十平方公尺左右的空間，設計一公尺高的觀葉植物。觀葉植物所產生的陰的力量，可以使過於傾向陽氣的辦公室較協調。故大約六坪大的空間，便可設置一對觀葉植物。

桌子或椅子的顏色也會出現影響。除了桌子、椅子、書櫃，及收藏家具之外，還有隔間板，最近都流行比較花俏的。

如果能夠配合風水、方位的威力，那是最好的。但是就我所見，大家都只是重視感覺而已，並不會努力的想要提升業績，配合顏色。在這種經濟不景氣的時代，這麼做只會使你的運氣更加不足，威力更降低罷了。

但是整體來看，如果過於花俏，就會缺乏穩重感，此時就應該利用植物或木製的家具，來調整室內的風水。

如果你覺得你的辦公室「是否太過於華麗了」，則你應該先檢查方位的相合性及有關顏色的風水。

牆壁的顏色以灰色、乳白色、淡綠色為吉

天花板在風水一環也相當重要

如果你現在的生意進行得不是很順利，那麼請你檢查看看，在你的辦公室或天花板上，是否有出現大的樑。已經露出的大樑柱，會降低整個屋子的運氣。

如果你的桌子或收銀機位在樑的下面，或者桌子和收銀機面向大的柱子的角，這都會使你的運氣及整個店的運氣降低。此時，你可以用鏡子將柱子的周圍包圍起來，並在旁邊擺上觀葉植物，再將桌子移開樑下即可。

＊＊＊＊＊

露出的樑，會使威力降低

＊＊＊＊＊

收藏可以提高商運

辦公室、店舖，有關於商品及書籍的收藏，其空間非常重要。

風水中有陽基及陰宅兩種理論。所謂陽基，指的是人活著時所住的房子，影響其幸福的理論。換言之，住宅或辦公室的家相十分重要。而陰宅指的就是墳墓。人死後，如果埋在吉相的墓地，則對於子孫的繁榮，有所幫助。

小林的風水認爲，建築物內收藏的空間，就是陰宅威力的泉源。因此，有關辦公室的收藏，以盡量能夠使吉的威力發生的收藏術是最好的。辦公室或店舖的收藏，尤其是在幸運區上或鬼門線上的收藏，必須要特別的注意。在此說明幸運區上和鬼門線上的收藏術。

幸運的威力從入口進入，所以依照入口處位置的不同，也幾乎決定了幸運的通道＝幸運區。若想招來幸運，在幸運區上的收藏空間就更重要了。因此之故，便必須保持收藏區之內的整潔、清爽，如此才能使幸運的威力順暢的流入。

另外一個招來幸運的技巧也非常的簡單。即將與入口方位相合性佳的物品，置於幸運區上的收藏空間裡。

請配合玄關的方位，從以下所揭示的關鍵字，聯想出幸運的物品，再將其收藏在幸運區上。

- **北方入口**——粉紅、橘、水、星、冬
- **東北入口**——白、山、箱、四角
- **東方入口**——紅、藍、聲音、電氣製品、速度、春
- **東南入口**——風、香味、木、花
- **南方入口**——綠、植物、光芒、書、眼鏡、夏
- **西南入口**——土、壺、碗、蔬菜
- **西方入口**——黃色、茶色、食物、秋
- **西北入口**——男性愛用品、神佛、祖先之物

例如，入口在北方，則可以在入口處，掛一幅海的畫，並在位於幸運區上的衣櫥裡放泳裝。如此配合其相關性，便可期待更好的效果。總之，從入口進入的幸運威力，可以藉由在幸運區上擺設和入口相合性佳的物品，而將這幸運威力請到家中。

＊＊＊＊＊

在北方入口掛「海的畫」，在衣櫥內放「泳裝」

＊＊＊＊＊

桌子基本上為東南方向

對著窗戶放置桌子。反之，桌子的正面如果對著門，則會造成壓力。一般而言，桌子的放置方向，基本上都是向著東南側。

至於桌子的尺寸，也自有其吉的尺寸。董事長或經理級的，以高八三・八公分，長一五二・四公分，深八六・四公分的桌子爲佳。

中級幹部則以高度同上，長一二一・九公分，深八一・三公分的桌子爲佳。

和祕書有關係的工作，長一七二公分，深六六公分，在風水上即視爲吉的尺寸。而一般祕書所用的L形有角的桌子，也不可視爲吉。

這就和接待室的沙發做成引號形排列一樣，也不可以視爲是吉的理論。

轉角形的桌子，最好設計成圓形的彎角，再擺上觀葉植物，如此便可消除凶的作用。

如果入口是在南側，那麼待客用的沙發或桌子，就擺在入口的附近；如果入口是在北側，就擺在店的裡面，並使照明光亮。如果入口是在東側，就擺在中心附近。如果入口在西側，就擺在入口的周圍，並請年輕的女性接待。

＊＊＊＊＊

背窗放置的桌子，會造成緊張。

基本上，桌子以面向東南為吉

＊＊＊＊＊

開放型的書架或文書櫃為凶

會讓書本露出的書櫃，不可稱之爲吉。我們經常會說，在小孩子的書桌正面，最好避免有書櫃，道理即在此。所以在辦公室或總經理室，也最好不要放置開放型的書櫃。

如果一定要做書櫃，那麼最好做高一七二・七公分，長一〇九・二公分，深四十五・七公分，再加門，將書隱藏起來的書櫃。倘若書櫃沒有加門，那就不要放置在正面，而將它置於左右，或後面，如此一來，便可降低凶意。另外，也可以利用幸運色的窗簾來取代書櫃的門。

＊＊＊＊＊

書盡量利用門或窗簾將其隱藏起來

＊＊＊＊＊

會議室的風水

是否就算是開會，也沒有什麼效果，也無法決定任何事情？

這或許是因爲會議室的風水不好。最佳的改善方法就是將會議桌改成橢圓形，或者也可以在會議室的四個角落擺置觀葉植物。這兩種方法都可以提高會議的效率，而且在會議當中，可以得到好的意見。

關於會議室座位的問題，身爲經營者的你，可以坐在幸運區上，或是對你而言的幸運方位。當然這應該要是會議室的中心。無論是怎樣的幸運區，一定都要避免錯誤及避免正面向著門。

*****

桌子一定要改成橢圓形，而且在房屋的四個角落擺上觀葉植物

*****

樓梯的風水

店鋪或你辦公室的樓梯，也大大的左右了你做生意的吉凶。例如，正面的入口，或門的正面有上下樓的樓梯，則請你務必要改善。因爲就風水而言，這樣會使你的運氣降低。

從任何一方面來看，一般樓梯與其是一直線的直直往上，倒不如有一點彎曲比較好。而雖然相同都是彎曲的樓梯，但如果是旋轉的樓梯，那麼在風水上就不被視爲是好的。

事實上，從我的寢室到書房的樓梯，也是屬於旋轉的樓梯，但是我已經用玻璃將它阻隔起來。因爲阻隔了上方的部分，所以氣就不會消失，也可以預防旋轉樓梯的凶作用。再者，可以以配合這個方位的顏色，來塗手扶梯的扶手或檯面，如此便可以防止運降低。

如果旋轉的樓梯設計在房屋的正中央，則氣就會從正中央溜走，就像是開酒瓶器一樣的形狀。在此情況下，風水術認爲應該以具有中央威力的，如紫色或黃色來塗樓梯的顏色。

雖說旋轉樓梯不理想，但是如果眞的有旋轉樓梯，那就應該要避免用紅色的地毯或屬於紅色的設計。因爲這在風水上是代表流血的意思。風水的重點認爲，樓梯不要設在房屋的正中間，而應該設在房屋的邊邊。

*****

旋轉樓梯如果設計在房屋的正中間，會使運氣溜走

*****

廁所的風水

辦公室或店鋪，無論是誰進來，事業都無法繁榮，而成爲非常空盪的建築物。上述的建築物，我見過不少。這多半都是廁所或有水的場所，位於鬼門方位的建築。此外，門的正面或幸運區上有廁所，也會使吉的威力跑走。

廁所設置在太醒目的地方，會造成負面的作用。

另外，也應該避免將廁所設在店鋪出入口的正面或樓梯的正面。如果廁所在一家店鋪的正中央或靠近中心，那麼，即使這家商店非常的繁榮，但這種繁榮的景況也不會長久。

以餐飲業爲例，往往就可能會發生食物中毒或什麼樣的事件，使得整家商店的評價降低。但是，如果現在廁所就在你店的中間，你就應該用粗鹽加以清洗。並在重點部分，以紫色、黃色、白色，進行室內的設計。

另外，廁所或洗手臺的設計，盡量是在通風良好的方位，並且要有非常充裕的空間。

最近很多建築物的廁所，都沒有設計窗戶，此時最好用抽風扇，或者是以相合性好的淡紫色物品裝飾，如此可提升運氣。

西邊的廁所及洗手臺貼大理石，也是改造吉相的好方法。

*****

廁所設在鬼門，會使吉逃走，應該用粗鹽清洗乾淨

*****

廚房的風水

餐廳等餐飲店的廚房，其吉凶非常的重要。廚房最重要的就是火和水。如何控制火和水，不要讓它們造成摩擦，是最重要的。

和廁所同樣的，廚房的入口如果是位於出入口門的正面，或者是能完全看見瓦斯爐的開關，都是屬於大凶。

此外，廚房也不可以在幸運區上。而且如果瓦斯爐位於廚房入口的正面，或設在非常醒目的地方，此時便有必要在廚房的入口處做一個門，而且必須隨時保持關閉的狀態。

倘若用屏風或植物加以區隔，那麼廚房所帶來的損失就會降低。其後可再撒粗鹽，清淨這個地方。

如果未曾充分考慮到換氣，那麼店鋪中就會五味雜陳，許多客人便會食不下嘛。

餐飲店除了考慮飲食方面所獲得的利益，也應盡量使店內的照明光亮。反之，如果做的是酒吧之類的生意，那麼店內就可以稍微的暗一點，但仍需有最小限度的照明。此兩者必須加以區分。

從用餐時間，一直到飲酒時間，照明的程度應該作改變。至於餐桌、椅的顏色，如果是餐飲店，則以白色系或暖色系爲主；如果是酒吧之類的商店，那麼，使用寒色系，可以增加收益。

＊＊＊＊＊

從店內可以完全看見瓦斯爐為大凶，廚房的門一定要隨時關閉

＊＊＊＊＊

磁場混亂，則運氣不會停留

當我去看那些生意比較不好的店鋪或辦公室時，就會感覺到那裡的磁場很混亂。

在檢查方位或風水的威力與磁場之間的關係時，必定會察覺到某種異樣的磁場。使這種磁場安定下來，是非常重要的。

在此請檢查青龍、白狐、朱雀、玄武各個方位的威力，是否是正確的對建築物發生影響。其後再決定自己的建築物，受哪一方的威力影響最強。利用室內設計或窗簾、門等的位置，來調整狂亂的磁場。使你的辦公室或販賣場所，充滿嶄新的威力。

要處理混亂的磁場，最簡單的方法就是打掃。當店鋪、辦公室髒亂時，磁場也就跟著混亂了。如此一來，辦公室及店鋪的運氣就無法留住了。

此外，如果是附近的道路、河川等等髒亂，則對於你的生意，也會造成重大的影響。空氣汙濁的程度及排氣，都會左右你做生意的運氣。

＊＊＊＊＊

打掃乾淨的店，安定而繁榮

＊＊＊＊＊

水的威力能夠除厄使生意興隆

住宅如果配置太多的水池或流水，則不能視爲吉。但如果是腹地比較大的庭院，造水池、設流水，就不太會產生凶的作用。只要不對建築物產生濕氣就可以了。

另一方面，辦公室或店鋪的水池或流水，反而會產生吉的作用。在商店的周圍建噴水池，做圓形的流水，此種造型在風水上視爲大吉。

如果你的商店現在正處於進退兩難的窘境，不妨在你的入口處周圍，建造一些小的流水。當然此時一定要選擇吉方位。流水可以去除你建築物的厄運。

水有去除「厄運」的威力，也可以將辦公室或店鋪的汙穢及厄運沖洗掉。當然非得要打掃乾淨不可，這是最重要的。

*****

噴水或流水可以洗清店內的厄運

*****

第四章 效果超群！生意興隆實踐講座

要使生意興隆的風水術，前面都已經叙述過了。現在我們就從來信請「小林先生幫幫我啊」的讀者中，以做生意上的實際例子來說明方法，使各位讀者容易了解。請務必加以實行，使你的生意興隆。

希望使惡化的經營狀態恢復

首先必須在你的屋子及辦公室的西側，擺設黃色的物品，無論是小東西、窗簾，或壁紙均可。接著在每一個方位配置適合的幸運物品。

北方放置暗色的家具，在此最重要的有保險箱、傳票類，及與工作有關的資料、企劃書等等。

東邊放置紅色的物品，像電腦、影印機等等的自動化機器，以及傳眞機、電話等，均要放置在東側。

南側擺設觀葉植物，另外桌子或餐桌也放置在南側。

西側當然是屬於黃色的。此外，接客用的沙發，或客人用的杯子、咖啡杯等主要接客用的物品，都擺在西側。

盡量在自己家的房間和辦公室兩方面同時進行，相互配合。

希望利用人際關係，使得生意興隆

做任何生意，技術都要擺在第一位，但是老闆及顧客的關係也不容忽視。倘若有良好的人際關係，會使得你整個商店的環境、氣氛都爲之一變，並吸引顧客上門，老闆與顧客的交流，也會愈來愈好。

如果你想創造一家人際關係進行得非常平順的商店，那麼你的生意一定會變得興隆。「人際關係」與「木」的相合性很好，因此，建議你使用木製的地板或木製的櫃檯。

如果入口的正面有高大的物品當作屏風，則對於你的人際關係會造成負面的影響。有的人會在商店的入口處放一個高大的東西，或用高大的樹木來遮住裡面，其實這些都具有負面的影響。

人對於前方好像要被塞住的地方，在進入時，會產生一種反抗感，會有不安的感覺。

希望成為魅力十足的老闆

如果你希望成爲很有魅力的人，或希望你的店鋪從事非常流行的生意，那麼，你一定要使你辦公室的南側，充分受到日照。此外，你也一定要住在南側，可接受到明亮太陽照射的地方。如果你不是這樣子的人，而是缺乏魅力的人，或你的魅力正在走下坡，那麼你必須在你房間的南側，或客廳的南側，擺一盞檯燈，以增加照明。

無論是什麼時代，只要是有魅力、幸運的人，他的生意就會興隆。首先就從自己的家或商店、店舖南側的照明開始吧！請利用照明，增加明亮度。或者是掛比較具有明亮氣氛的畫來裝飾。照明器具如果是一對，則作用會更強。

如果你的生意在最近突然變差，或運氣突然不好，則你就應該檢查看看，在鬼門的方向是否有有關水的場所，或汙穢不堪。

另外，你也應該檢查看看，鬼門的方向是否有在進行下水道的工程。或者是否有舊的建築物，空空盪盪的擺在那裡，鬼門的方位是否有動物的糞便或屍體，甚至爲垃圾的放置場所。

如果是在裏鬼門的方向（西南），那麼辦公室裡的人際關係就會開始起摩擦；如果是在表鬼門的方向（東北），則上門的顧客就會減少，或對外的生意會產生摩擦，或者突然發生什麼事故而產生糾紛。

如果對內的人際關係起了摩擦，就檢查裏鬼門的方向；如果是對外的關係起了糾紛，就檢查表鬼門的方向。

這個方向以廁所爲首，如果在這個方向有洗手檯、廚房，那就一定要隨時保持乾淨，而且要進行風水上的吉相處理。

裏鬼門要用白色，表鬼門要用黃色等吉的威力之顏色，以提高運氣。

希望成為運氣與實力兼顧的老闆

對於老闆、經營者，或店長而言，寢室是最重要的空間。

風水教我們，要想成爲一位領導者，就要住在寬廣的寢室內。

如果現在你的生意進行得不是很順利，那麼就將你寢室裡的床舖，移到寢室的中間，因爲氣就集中在寢室的中間。盡量睡在氣集中的空間。從這層意義上來看，生意不好的缺點、弱點，就是因爲方位威力不足的緣故。

希望找到好的職員

如果你的公司或商店人際關係不好，無法得到好的職員，更因此而浪費掉許多開銷，那麼，可以試著在辦公室或店鋪的東側或東南側擺花或植物。藉此來提升辦公室或店鋪的運氣。

當然這裡的花是指鮮花，人造花或假花，其威力就會減半。但是像仙人掌這種有刺的植物，反而會妨礙運氣。

如果你因為人際關係的糾紛，浪費掉許多無謂的開銷，那麼可以試著在商店或辦公室的北側，放置蠟燭。蠟燭柔和的光，可以使你的人際關係變得柔和。

希望不要被出賣

如果你和職員之間有人際關係上的糾紛，或你和你做生意的對象的人際關係出現紛爭，有時更會因為被人背叛，使得生意做不成，那麼多半是在你的辦公室或桌子的正後方，有門或窗戶。

被他人背叛或與他人有很多糾紛，多半都是因爲在自己的椅子後方，有個大窗戶或用來作出入口用的門的緣故。所以請你檢查看看。如果在你的椅子後方有門，那麼就請你避開這個門。或者利用觀葉植物，放在自己的椅子和門之間。如果有窗戶，則可以利用窗簾將窗戶遮起來。當然如果能夠應用和窗戶的方位及相合性佳的顏色的窗簾，那是最好的。

希望商店或辦公室更有幹勁

商店或辦公室，因爲工作人員在工作或顧客上門，所以也會疲勞。因此就像你和工作人員打招呼一樣，每天開店時，也要對著商店說：「早安，你辛苦了。」在關店時，也希望你能對它說：「眞是辛苦你了，謝謝你的幫忙。」

我們都會認爲，大家應該同心協力，夫妻兩人同心協力，和店長同心協力，或者是工作人員要同心協力。但是，首先我們應該和商店（店鋪設施）同心協力才是。

站在風水的立場，我們是將土地或房間視爲生物一般，來改善它的環境。使生活在這裡，及在這裡工作的人之想法或行動，能夠向前衝，這是最終的目的。

店鋪或辦公室，不只是在這裡工作的人員，也必須和辦公室的空間和整個店面，成爲命運共同體。

具體而言，在放假日的前一天，應該讓全體的員工進行大掃除。在放假時，將所有的電器都關掉，讓商店及辦公室好好的休息。而在一個禮拜的第一天要開店時，全體的員工都應該對商店或辦公室說：「這個星期又要麻煩你了。」

在商店感到高興的同時，它就自然的會找顧客上門了。

希望外部的營業活動成功

營業的方法，我們從營業訪問的建築物入口的方位別來加以說明。

• 和入口在北方的建築物營業

對方在金錢方面，並不是很豐裕，因此，最好賣給他比較便宜的商品。可能的話，盡量和年長者來應對，你的誠實會讓你成功。

• 和入口在東方的建築物營業

與年輕的職員應對，會產生良好的結果。大聲宏亮的說話，做事非常的乾脆。和他談一些高爾夫球、足球等等運動的話題，會使你們的感情很熱絡。最好是向他推銷一些新的商品。

• 和入口在南方的建築物營業

多半都是些外表看起來很華麗的建築物，屬於虛榮型，所以你在談話時，最好要能符合對方的虛榮心。

如果與你交涉的人是中年女性，那你就比較幸運了。

• 和入口在西方的建築物營業

最好是和年輕的女性交談，如果能夠加入一些遊戲或酒之類的活動，那是最好的。

希望獨立成功

茶色即土的顏色，這是培育萬物的力量，它同時也具有將事物隱藏起來的力量。具有代表腳踏實地的計畫儲蓄，然後可以一口氣使其發芽的意味。因此，如果你一直想要獨立，便可穿上茶色系的服裝。另外，多吃根莖葉的蔬菜，能夠培養你的耐性和瞬間爆發力。

如果你想要成功，贊助者與人脈是非常重要的。以下就介紹如何提升你贊助者運及人際關係運的方法。

首先，若想提高贊助者運，那麼就需要西北的威力。因而你可以先在房間的西北側，擺置觀葉植物。而若想提高人際關係運，便要注重東南方位。請你在這個方位放置古龍水（eau de cologne 法國製）。

此外，和公眾有關係的東西，例如，你的筆記簿、連絡用的資料、記事本，及電話等等，都請放在這個方位。而且在春節時，你應該在西北、東南的方位，放置餅來供奉。

如果你現在只是想著將來要獨立，但是卻還不了解自己的相合性……，此時你應該將重點擺在客廳。

倘若你現在的職業種類是屬於技術性的，或者是企劃方面的，那麼，就將桌子擺在東南方。

如果是和事業、營業、服務有關係，就將桌子擺在東北方。繼而將和工作有關係的書、錄影機，或資料等等，放置在這裡。

如果你想要了解自己在現在這個工作崗位上，是否能夠發揮自己的才能，或者自己究竟是否有辦法獨立，你就可以利用這個方法，來觀察一陣子。這麼做，可以讓你出現正確的判斷，找到和自己相合性佳的領域。

現在已經在經營公司的人，若想在今後獨立，成爲眞正的經營者，那麼以下就介紹幾種方法。

經營者所有的一切都必須保持平衡，而且無論如何，都一定要有強的運氣，以下就是提高運氣的方法。

技術方面、企劃方面的工作，將重點擺在南邊。營業方面、販賣方面、服務方面的工作，將重點擺在東邊。與事務有關的工作，則將重點擺在北邊。南邊擺觀葉植物，東邊放紅色的物品，北邊放置讓人感覺十分沈穩的家具，可以換來幸運。

希望在販賣、服務方面獲得成功

與販賣、服務方面有關的運氣，其重點在於擁有「生意」運氣的西方。如果將自己的服飾放在西北方，電視等放在東南方，也可以同時提高人際關係運及贊助者運。

另外，也可以將桌子放在西南方，拉出文字處理機。在陽光所照不到的房間，將枕頭放在東側來睡，如此便可提升東邊的運氣。

想要提升東邊的運氣，最好使用和東邊相合性佳的紅色。而爲了提高積極性和行動力，最好也將電話放在這個方位。至於文書方面，在放假日的早上，面向東方來寫，是最好的。邊聽音樂邊寫，也不錯。

希望吸引女性顧客

女性所喜歡的環境，整潔是第一要件。淡雅的色調、自然的材質，再搭配閃閃發光的東西，最具有效果。

最好是使用能夠使女性聚集的白色，例如，白色的窗簾、白色的牆壁等等。廁所或洗手臺都要非常的充裕且明亮，這是最基本的，也是在談風水之前的問題。此外，女性對氣味非常的敏感，因而通風必須十分良好。倘使能裝置空調，那是最好的。

希望吸引男性顧客

在店內製造明亮的空間及暗的空間，是最重要的。必須使陰陽的威力充分的平衡。

茶色的室內設計，配上暖色系的家具或沙發，最好是佈置成非常俐落的空間。

希望吸引年輕一輩的顧客

想要吸引年輕一輩的顧客，就必須要有「光澤」。風雅時髦的設計是最好的。但對於年輕人而言，太過於素雅就不好了。使用金色的物品。樓梯的扶手也採用金色的設計，或者是捲上會發光的紙。總之，就是加入一些光澤。就風水而言，「金」、「銀」是代表年輕人理想的顏色。

年輕人對於時代非常的敏感。風水視流行爲「創造幸運的空間或場所」。因此，最好也加入一些現在正流行的物品。

希望增加固定客源

我們可以說，開店之後的一百天是決定勝負的關鍵。經過三個月的時間，你就可以知道顧客是否會選擇你這家商店。

所以開張之後，應該以三個月爲營業戰略的單位。我們也必須活用四季，進行商業的經營。

希望開連鎖店

想要開連鎖店時，其重點在於從本店來看，連鎖店是位於哪一個方位。

當然必須位於吉方位。即使不是在吉方位，至少也不應該是在今年而言的凶方位。本來購買土地、建築物或開張，就應該要避免對當時而言的凶方位。但是如果已經購買了，那麼，至少在開張時，必須選擇吉方位的時辰。

希望提升技術力

請在店鋪的南側放置植物，如此可以增加沈穩感。最好不要在商店或店鋪裡面，放置太高大的植物，那看起來就好像植物在腐蝕商店和辦公室一樣。如果此植物是屬於常綠性的樹木，則難得的南方太陽，就不會射進你的地方了。

南邊的植物具有這樣子的作用。「南」具有「技術」的意思。因此，如果是對於技術方面稍微沒有自信的商店，就可以擺設一對植物，或相同的兩株植物。

希望獲得顧客的信賴

想要提高營業成績，就應該要用紅色。接著尚需考慮「聲音」。東邊可以放置使自己振奮，會發出聲音的物品。桌子可以提升右邊的人際關係或說話術。

對方公司的上司，或者是學校的前輩等等，只要是對你可能有幫助的人的名冊，你都可以擺在上述的位置。你顧客的資訊，擺在「西北」，除此之外的情報，請放置在「北」。「東」放置電話、紅色的筆筒，或卷宗等等。

營業用的資料，請務必放在紅色的卷宗夾裡。另外，右側的抽屜裡，放置會發出聲音的時鐘。當時鐘鳴叫的時候，便可使你的內心振奮。

「西」放置談生意時，和你的顧客不可欠缺的話題，書本、報章雜誌等等。而你想去的餐廳的名片或火柴盒等物品，放在抽屜的中心。

「西北」放置暗色系、茶色系的卷宗夾或文具，小東西可以使你有著沈著、冷靜的判斷。也可以讓你和上司之間的交流更圓滑。可說是一石二鳥。

要應用這種桌子的風水，有能正確的分出東西南北方位並實行的方法。也有依自己所坐的位置為南，右手側為東，左手側為西，正面為北的實行方法。

希望藉由聯合鉛字來改變運氣

從風水上來看，公司的聯合鉛字（把一個單字或數個字母鑄成一個鉛字）也是變化萬千。我的辦公室就以copa 這個名稱，印在我的名片上，從此以後，我的生意就做得非常的好。

在此之前，我都使用沒有印上我的名稱的名片。大約從四、五年前開始，我才將copa這個名稱印在我的名片上。

Copa這個標誌的本身並沒有附顏色，但我在辦公室裡，利用了東南西北的代表顏色，即東方紅色、南方綠色、西方黃色、北方粉紅色，來調整辦公室的風水。

在做生意時，有很多的公司都會決定自己公司名片的顏色、公司的標誌、小冊子、傳單的顏色等基本的顏色或公司象徵性的顏色。而這種象徵性的顏色，有其風水上的幸運顏色。我們也希望你能使用配合天運、地運、人運等使你好運的顏色。

例如，天運，便可從你出生的年份來挑選幸運的顏色。如果是地運，則最好配合土地的產物或代表風景的顏色。若是以柑橘聞名，就用黃色；若是森林多，就用綠色。人運方面，可以用代表這個公司或工作內容的顏色，或者是將來希望的顏色。

如果是和旅行有關係，就用橘色等等……。以一九九八年爲例，就是以綠色、淡紫色、黃色爲象徵性的顏色。

有關霓虹燈或門的顏色，也應該使用在風水上會帶來吉威力的顏色。

希望自己的餐飲業很有名

如果你的餐飲店生意並不是很好，那麼你可以試著多用一些水晶的物品。以杯子爲例，玻璃杯之類的物品，你就應該把它擦亮。當你的生意開始興隆時，你的顧客就會愈來愈多。換言之，如果你需要比較多的顧客上門，那麼，你應該多準備一些玻璃製品。

如果你的玻璃杯數量不多，那你乾脆就再添購一些新的玻璃杯，如此會使你的生意興隆。

你可以將水晶玻璃杯等等，掛在玄關，當太陽光進入時，便會照在水晶玻璃杯上，如此可提高你的運氣。

依公司或工作內容不同的幸運顏色

金融業界	黃色、粉紅色、紅色
商業公司	黃色、粉紅色、藍色
製 造 業	紅色、白色、藍色
服 務 業	粉紅色、白色、黃色
建設、住宅業界	綠色、橘色、白色、黃色
傳 播 業	紅色、藍色、綠色、淡紫色
電腦、通信業界	紅色、藍色
旅行業界	橘色
法　律	橘色、綠色
事務工作（一般事務、祕書、經理、營業事務、會計、人事、收發）	藍色
企劃工作（商品企劃、廣告、編輯、設計、影印、宣傳、市場調查、廣告、SE）	紅色、灰色、白色、藍色
營業工作（販賣、銷售、駕駛、各種速食品）	乳白色、橘色、茶色、灰色
自動化工作（文字處理機、SE、CAD、電腦揷畫）	乳白色、橘色、茶色、灰色

依出生年不同的幸運色

一白水星	黑色、酒紅色、灰色
二黑土星	黃色、綠色、橘色
三碧木星	紅色、藍色
四綠木星	橘色、綠色
五黃土星	紫色、酒紅色
六白金星	灰色、綠色、橘色
七紅金星	粉紅色、黃色、白色
八白土星	白色、黃色
九紫火星	綠色、灰色

希望自己的努力得到回報

如果你的生意現在做得不是很有起色，你的努力無法得到回報，那麼，請你檢查你平常所坐的椅子的形狀。

只要你平常坐的坐椅是有扶手，而且椅背可以讓你自由舒適的靠著，那你一定不會遇到凶運或糾紛。如果你的坐椅相當單薄，那你首先應該準備綠色的靠背，且非常舒適有扶手的大椅子。

如果你的辦公室或商店，被新舊的建築物包圍，你就好像街上雜居的大樓一般亂七八糟的地方，那麼，你至少應該在自己的辦公室或店的入口前面，擺置觀葉植物，種植盆栽，或者是設計花園。藉由觀葉植物，來去除這種亂七八糟的氣氛。

請用圓木門，塗上綠色。事實上，現在我自己的住宅就住於新舊建築物混雜在一起的土地上面。我配合一九九八年的幸運顏色，將我的門塗成綠色。藉由活用樹木、活用植物，來取回原本屬於自己的威力。

希望提升自己的銷售業績

因爲收銀機的位置不同，你生意會時起時落、時好時壞。

收銀機最好設在正面入口門的附近，向著東南的位置。如果放置在東南側會引人注意，無法好好放著，那就在它周圍放置四色的花或植物。除此之外，也在東南的方位，擺上會發出香味的物品，以發揮東南的威力。

即使將經理部門設置在北側暗的地方，但是，你保險櫃的門仍應向著東南側，才能提高你的運氣。

希望藉由自動化機器來提高效率

辦公室內電腦放置的位置，對風水而言，十分重要。因爲這會使得辦公室內的吉凶，出現非常大的差異。當然電腦和電視、音響一樣，都會產生陽的威力。

一般而言，以淡藍色或淡灰色的室內設計來配合電腦，就不會出現什麼障礙。否則就應該在電腦的旁邊擺著觀葉植物。

電腦房間的照明度，比其它房間的照明度要稍微降低一點，這是重點。

有關於使生意興隆的個人電腦的風水，在這裡也稍微做一下說明。

——東西南北個人電腦室內設計——

無論個人電腦擺在房間的什麼位置，運氣也會隨之改變。不管你是利用個人電腦工作，或玩遊戲，首先你都應該先了解個人電腦放置的方位，與個人電腦所產生的基本威力（方位是房屋的中心來看）。

・放置在北側時

此時會因個人電腦的關係，使你們的家庭得到安定，工作也可以順利的進行。尤其是從一九九七年開始，從北方產生的幸運之氣，是以酒紅色爲目標，因此，你最好在附近放一些酒紅色的小東西。

・放置在東側時

全家會因爲這台個人電腦，而得到團圓。在此之前，全家人都沒有什麼話講，也不會一起出外旅行。小孩子的工作做得不太好，丈夫的工作也不順利，人際關係無法擴展。此時，可以一邊打個人電腦，一邊聽音樂。放一片CD，就可以和電腦一起享受音樂的樂趣。

・放置在南側時

隱藏的才能會因爲個人電腦而不斷的湧現出來，此時，在個人電腦兩邊，請擺置小的觀葉植物。站在風水的立場，在南側擺一對觀葉植物，可以提升才能。同時我會在橘色的布上，擺上兩隻白色陶瓷做成的狗，牠們的頭是面向南側的。

・放置在西側時

就風水的觀點而言，「西邊黃色可以提高財運」，因此，在一邊打電腦的同時，你的財運也會不斷的提升。在個人電腦的旁邊，你一定要放置黃色的花或黃色的物品。也請放置頭朝西邊的，用木雕刻的野豬。

•放置在東北側時

你會想要向新事物挑戰，或者反之，你會想要從事安定、收入穩定的工作。當然你希望成家時，個人電腦就會發揮它吉的作用。

打掃乾淨，因爲「鬼門是白色」的，所以請你放置一些白色的小東西，或者是四角形燈罩的檯燈。

•放置在東南側時

能夠過著穩定的生活。因爲個人電腦的關係，你可以得到一份不錯的工作，也可以得到好朋友的照顧。而且在團體生活中，過得十分快樂。你可以在電腦旁邊，放置木雕的鳥，或者是有花紋的東西。

不錯，東南方的電腦討厭惡臭，因此，如果不乾淨，你就會NG。

一九九八年從東南產生的幸運，它的威力會提升。可以放置金黃色的老虎。

另外，尚可擺置一些綠色、紅色、淡紫色等幸運顏色的小東西。

•放置在西南側時

可以過著非常安定的家庭生活。家庭主婦在自己的家中也可以工作。總之，就是充滿愉快的生活，而且具有安定的威力。但是如果周圍不乾淨，緊張就會滯留。因此，務必保持乾淨，擺一些茶色系、淡紫色系的小東西。

•放置在西北側時

個人電腦成爲一家的主要角色，成爲一家的生活重心，可以使主人的收入不斷的增加，可是一旦它出現凶作用時，就會使整個家庭支離破碎，無法過著圓滿的家庭生活。如果現在你正處於這種情況之下，那麼，你應該在電腦附近放置白色的檯燈或護身符。

因爲個人電腦所放置的方向和場所不同，運氣也會改變。在金錢上有困擾的人，應該將電腦朝西的方向，或將其擺在西側。請你再進行室內設計時，將房屋佈置爲吉相。如此一來，個人電腦就會爲你帶來財運。倘使你在工作運和健康運有所不安，那麼電腦就應該向著東側，或擺在東邊。

也請你不要忘了，將今年幸運顏色的物品，擺置在電腦的旁邊。

希望美容院、理髮店能夠生意興隆

美容院、理髮店裡面一定會有很多的鏡子。風水視鏡子有將幸運反彈的作用，因此，在設置鏡子時，一定要避免在門的正面。

如果鏡子位在門的正面，那麼好不容易上門的顧客，就會被鏡子彈回去，會讓顧客想走出去。

鏡子本來就應該放在太陽升起時照射得到的位置，故鏡子應面向北側或西側。

鏡子本身不亮，所以需要補助的照明。請你準備不會輸給自然光的照明。

希望有效的使用音樂ＢＧＭ等，使顧客上門

如果你的商店位於鐵路的附近或車流量大的地方，爲了要隔絕這種噪音，很多人會利用ＢＧＭ等來吸引客人，讓客人覺得這商店充滿了活力。

如果是以年輕人爲主的商店，那就以迪斯可的音樂爲吉。正門的大廳最好有讓顧客享受音樂的寬敞空間。

倘若你想要吸引很多人，那麼，你就用深綠色來配合音樂，裝飾整個大廳。而假使你想要吸引年輕人，則再稍微加一點藍色更好。在入口處，放一塊藍色的墊子或藍色的物品，也不錯。

請你非常巧妙的運用音樂、植物，以及藍色。

希望改變制服

當室內設計或建築物本身的威力不足時，就可以利用制服的風水，來提升辦公室或商店的威力。

如果你的商店或辦公室稍微有點老舊，那麼，你爲了要活用人才，不妨將工作人員的制服改成幸運的顏色，而且稍微華麗一點的樣式。

例如：如果是屬於東南方有凹陷的L型建築物，那就需要有年輕女性的威力。乾脆就讓女性的員工，穿著玻璃纖維等具有光澤素材的制服。

一般而言，在制服上稍微添加一點紅色，可以提升整個辦公室或商店的朝氣。

想祭祀使生意興隆的神明

想要在店內祭祀神明，多半都會祭祀土地公。每天早上一定要供水、米、鹽、酒。

神壇的位置是在北、西，或西北方，朝東南設置。建議每一位員工都必須參拜。

希望能藉由掛畫來改變氣氛

如果你想要在商店裡掛畫，若是年輕男子的畫，就掛在東側。此外，如果主人喜歡汽車，則可以掛上車子的畫，不過最好是紅色的跑車。

如此在東側擺上比較快的交通工具、紅色的物品，或者是強而有力的物品、畫、擺飾等等，都可以提高商業的格調。在此附帶一提，我小林的辦公室的東側，就掛了一片紅色的布，上面用金色的線繡上copa 這個標誌。

希望裝飾大廳，顯出活力

如果想要在入口或裡面的牆壁之間，做成一個島，來陳設商品，那麼空間就是一個問題了。至少需要十公尺的空間。華麗耀眼的物品，擺在賣場的中間，朝東南西北放置。如果你的插畫擺在非常醒目的地方，則對於使顧客上門，具有良好的效果。

如果你的空間夠大，那麼客人就會毫無反抗的進入。入口的周圍盡量維持什麼都不要擱置的狀態。面向中心的地方，則以畫龍點睛的效果來呈現。通道必須非常的清楚，如此才能提升效果。

想利用櫥窗展示吸引客人

絕對不要在主要入口的正面，擺上三角形的櫥窗來展示你的商品。三角形尤其是頂點的部分，會造成進入客人的壓迫感。三角形這種形狀，其角的方向，具有強烈的威力，會令人感覺到凶意。

可是你擔心也是沒有用的，你必須掌握住問題，好好的去應付，轉禍爲福。

櫥窗本身設計成三角形的造型也是不可以的。如果是這樣子，則在三角形角的部分，就應該要放置圓形的盆栽、植物，或者是「圓形商品」。

基本上，在使用顏色時，也應該要使用幸運色。

希望建造水池和魚缸

一般的商店很喜歡在店裡面設計流水，或在商店門的入口之前，設計水池或流水造型。小林風水認為，在住宅有太多的水，或水離建築物太近，都不能視為是吉。但若用在店鋪上，就無法稱其為凶了。

因人而異，因職業的種類而異，有時也可能會因為水的緣故，而產生凶的作用。例如，畫廊、與經理有關係、法律、教育等與學問有關係的職業。如果在辦公室、店鋪、集會場所等入口前，擺設流水的裝置，就會產生凶作用。

此外，出生的年有火星，如九紫火星的人，或與水相性不好的土星，及像我這種八白土星或五黃土星、二黑土星的經營者，如果在店鋪或辦公室的周圍，設計水流，反而會使威力降低，使自己的生意陷於一蹶不振的地步當中。

如果在你的辦公室或店鋪的入口附近，即入口的周圍有大一點的空間，你在吉方位打造亭子等，都可以使你的生意興隆。

你的商店入口必須與五行維持平衡。例如，商店的入口在北方時，可以在建築物的金屬培育出水之精氣的方位的西北或西側，打造涼亭，提升你的運氣。

東入口即在北側，南入口即在東側或東南側，西入口即在西南或東北來建造也可以。不過在建造時，當然要選擇吉方位的時機。

想要使客人集中

在香港，會在出入口附近擺置一個魚缸，養八條紅色或金色的魚，最後一條則養黑色，即總共養九條金魚。九被認爲是吉數，但在日本就不飼養金魚了。

基本上，日本不喜歡在建築物裡放置會使濕氣逗留的物體。如果非放置不可，也盡量會將二十公升以下的小魚缸，放置在東南方。

如果你覺得現在的客源不是很充裕，那麼請在東南放置小的寵物籃。

一般認爲魚缸應該放置在東南方，但如果你這麼做，卻仍然無法提升你的工作運，則請你在你的商店或辦公室的北側，放置有葉子、富於朝氣的植物。假使光是放植物還不夠，那麼，就在附近再放一個光線柔和的檯燈，更具有效果。

商店該開在地下室、一樓、二樓或更高樓

另外，再進一步談各樓層什麼樣的空間與顧客相合性佳。

位於二樓的商店，基本上適合年輕人。因此，最好創造容易使年輕人進入的氣氛。當然全家一起來是最好的。

位於地下室的商店，具有保守祕密的威力。換言之，應該從事和祕密有關係的事情。這裡具有培育的威力，如果和你的戀人一起去，則可以培育兩人的關係，甚至可能會有小孩。如果是在地下室認識的，則日後的關係可能會相當親密。換言之，親密的交往會上門。你必須要設計親密的交往會上門的商店。

位於高樓上樓層的商店，如果風景或夜景很漂亮，那就應該設計出像南歐料理一般的商店，讓顧客有太陽及海的印象。如果是屬於日本料理店，一定要充分的演出「和」的氣氛。

不知道該怎樣製作菜單

如果廚房是在南側，那麼，用餐最好呈現高級感。要盡量設計一些新鮮的花樣。

如果廚房位於東側，則因爲東側是向新事物挑戰的方位，因此，建議你做一些比較新穎的菜單。廚房裡面的領班，最好也是年輕人。如此可讓年輕又有能力的人聚集。

另外，位於鬼門的廚房要特別的保持乾淨。

商店缺乏人氣，附近出現競爭的商店

最近商店的生意不好，那就請你使用紅色，有金色文字的看板。看板因職業種類的不同，而有很多種。就算是小的看板也好，請你使用金色和黃色等兩種顏色。

一打開門，其深度就比門的寬度還窄，而且如果眼前就是牆壁，則這種構造是非常不好的。建議在入口的正面，不要有牆壁。

讓開發式的商店生意好

開發式商店會令人有季節感，並感覺到柔和的風及太陽光。尤其是開放式的露台，可以使與人接觸少的你，拓展人際關係。希望交到男朋友或女朋友的人，在這裡或許會有一段幸福的婚姻。

露台是位在什麼方位，或什麼環境當中，都必須加以區分。

如果露台是在西側，那麼年輕的女性容易上門，可以彌補西方威力之不足。

如果商店是在海邊、河邊，則不管和任何人都可以好好的相處，能夠拓展新的人際關係。即使很難說出口的話，也可以乾脆的說出口來。這就是優點所在。尤其西側如果有海或河，只要一喝酒，就可以和任何人相處得很好。

如果你的店面面臨狹窄的道路，那麼，你就必須在室內設計下工夫了。爲什麼顧客不上門呢？如果你的樓梯或電梯位於商店的正中間，那便是屬於集中力不足、不安定的建築物。

為了店內的展示而煩惱

如果是東南或東方突出的商店，則是屬於有發展性的店，適合年輕人。

如果是北方有凹陷的商店，那就必須擔心從業人員之間，會不會發生什麼摩擦，或者是能否得到顧客的信賴。請在北側部分貼鏡子、種植植物。此外，在北側有收音機也不錯。

流行商店的店面展示，東側放置便宜的東西，西側放置華麗的東西、柔和的東西，或小孩子的東西、銷售最好的東西。此外，店內的展示，冬夏也應該不同。

如願以償的兔子與白色、紅色的風水

粉紅色的兔子與白色的球，代表人際關係、戀愛運和財運。兩者亦可提高工作運、健康運，及才能，或者是家庭運。

如果你的生意總是進行得不順利，或你想做出什麼有代表性的作品，或者是設計超人氣的菜單時，你就應該在辦公室的南側或商店的南側，放置圓形的物品，以放置兩個爲理想。馬蹄形的椅子或馬的物品，放置在南側，也可以提高風水的威力。當然用檯燈照明，也可以使威力更加提升。

花的風水使得生意興隆

如果你的生意總是做得不好，你的商店總是缺乏客人，那麼，你可以在商店裡擺設觀葉植物或花。

原本觀葉植物擺在哪裡都不會有害處，但是如果你的建築物有一根非常大的柱子，或者就位於入口的正面，好像要將店壓倒似的，那你可以在玄關的門的附近，或辦公室的入口附近、柱子附近，放置觀葉植物。如此可使你辦公室的威力不至降低。

以下就稍微提一下，包括觀葉植物在內的綠色風水或花的風水。

植物因爲高度、大小、形狀、種類的不同，適合的環境也不一樣。因爲風水是環境的學問，因而配合植物，在考慮環境時，請依照八方位別來考慮風水。只有培育得非常有朝氣的植物，綠色的威力才會滯留。

以下我們就來介紹和八方位別風水有關的綠色：

・靠近中心種植的綠色

太大的植物如果擺在店的中心，會減弱商店主人的威力。因爲位在商店中心的植物會變成主人。

・北方的綠色請放在密閉的容器上

將綠色放置在密閉的容器上，就是能夠積蓄財富的風水。如果是商店，就放在櫃檯上或牆壁前。

北方位請將綠色像山一般的裝飾。這是因爲「北側的植物像山一般大」。北方如果有大山，則農地便會累積財富。此即風水的應用術。

•東北方放置有大葉子的綠色

東北是保護健康的方位。

綠色本來就能保護你的健康。東北方最好放置大葉叢生的觀葉植物。大的葉子絕對能夠保護你的健康。

花盆的設計建議使用白色的四角形，有方格的花紋也很好。東北和格子的相合性佳，所以，可以利用格子的架子來放置盆栽。此外，將盆栽擺在四角形的架子上也可以。

在京都的龜岡有個出雲大神宮，其本殿的東北位置有一座千年山，在此祭祀著一直保護著日本國土，稱爲國常立命的神明。

創造健康之人的空間，或保護著不動產的威力，就像這座山一樣，存在於你的商店及辦公室中。

•東邊的綠色可以提升幹勁

東邊是使得力氣上升的方位，在這個時代，最重要的就是這種幹勁。

東邊也是和聲音相合性佳的方位。

東邊喜歡奇特的形狀，所以可以擺一些新品種或形狀比較有變化的植物，不過最好是不要太大。如果有窗戶，不要妨礙從窗戶射進來的朝日。如果是小盆栽，則可以放置三盆。

・東南是迎風搖曳的綠色

東南具有使人際關係良好的威力。在東南方位放置迎風搖曳、有葉子的綠色，是最好的。而且高度要盡量的高，因爲高和長是一樣的。風水理論認爲「綠色和長久是息息相關的」。東南放置一盆迎風搖曳的植物，可以提高人際關係。

・南邊放置一對觀葉植物

小林風水認爲「南邊應該放置一對觀葉植物」，這和「西邊黃色，東邊紅色」的理論是一樣的。所以請在南側放置一對觀葉植物。相同種類、相同形狀的植物兩盆。但是也有另外一種作法。就是將一對植物剪成像鏡子反射出來、左右對稱的形狀，例如，放置在右側的植物，剪右枝；放置在左側的植物，剪左枝。如此調整形狀，也可以提高你的運氣。要一開始就剪成相同的形狀，有點困難，所以可以一邊栽培，一邊剪成對稱的形狀，藉以提升你的運氣，這也是最佳的風水術。

再者，南邊最喜歡發光的東西，因此一定要將花盆擦得閃閃發光。某企業在整個職員室的南側裡，放置一對對用金色花盆裝起來的觀葉植物。這家公司依照小林的綠色風水理論，採取必勝的姿態。我希望老闆都能鼓勵員工，面對著綠色方向工作，當成公司內綠化運動的一環。

從東南到南，和閃閃發光的金色及銀色的相合性佳。花盆盡量擦亮，或者可以綁一些水晶玻璃般的小飾品。金色尤其可以提高才能度。

•西南的綠色可以提高家庭運

西南的花盆無論是普通的花盆或高價的花盆，都以茶色系爲主。最近和土有關的顏色和物品非常的流行，所以在西南請使用土。

如果你想要「往後生意做得非常的順利」，那麼，你可以放置三、四盆小盆栽。

只要有窗戶，太陽光就能夠射入，所以你必須充分的利用這個太陽光。就像培育小孩子般，能夠培育出你們的愛情。

•西邊應該放置有可愛葉子的綠色植物

西方位的房間正當西曬，尤其夏天西曬內部的溫度會上升，會覺得很不舒服，尤其容易傷害物品。但正因爲是屬於這種空間，所以更應該設計成非常舒適，充滿綠色的空間。

西方的威力影響財運，所以，西邊的綠色可使你不浪費。

尤其是西曬特別強的房間，如果在窗戶的旁邊放置綠色的植物，則可以讓你減少不必要的開銷，具有引導良好財運的威力。

從店鋪或辦公室看，西邊有緩和的山，則你的財運會豐富。太陽從山下沈的景色，可以培育財運。此外，可愛的綠色和西邊房間的相合性佳，所以盆栽有可愛的葉子是最好的。無論是大或小都無所謂，應該放置容易剪成某種形狀的觀葉植物。另外，西方還代表結果，因此，你如果使用有葡萄花紋的花盆也很適合。

・西北適合圓形的綠色

能夠提高事業運的綠色威力，就在西北。

建議你使用圓形的綠色。花盆基本上是白色。白色再加上花架，稍微灑脫一點的花盆是最好的。

後　記

在這種經濟持續不景氣的狀況下，讓大家都看得到出口。只要你巧妙的利用本書所介紹使得辦公室及店內、店外保持吉相的方法，你就不用害怕了。

比起其他沒有進行風水術的公司或商店，自然地會得到大自然暖和的支持，而且風水的威力也會保護你。今後即使是吹著不景氣的風，也不用擔心受傷害。但是你一定要注意周圍嫉妒的眼睛。

我小林在這種建築業不景氣的情況下，祥設計有限公司仍然是生意興隆。今年春天，我就在原宿打造了號稱八億日幣的風水御殿。

也許是生長家庭環境的關係，也許是與生俱來的靈感，讓我在各方面都受到風水的恩賜。

在日本沒有什麼好的話題時，就需要像我這種能夠提供一些意見的人了。小林風水眞的非常有效，各位只要看看我就可以了解了。

風水是爲了使人生成功，而極巧妙的利用上天的法則，與大地的地理智慧。

現在最重要的就是運氣。運氣可以利用風水的智慧找到。如果你不了解風水的智慧，那麼，你就會受到大損失。

無論你從哪一方面實行都可以，但是請你務必要實行本書的內容。相信你一定可以生意興隆，這也就是我出這本書的願望。

只要你努力實行風水術，那麼，你就一定會得到收穫，這就是風水的特長。

關於風水吉運的書籍，亦可參考「大展出版社」的其他拙作。『室內擺設創好運』、『室內裝璜開運法』、『新・大開運吉方位』、『風水的奧義』、『開運風水收藏術』、『商場開運風水術』、『風水開運飲食法』、『庭園開運風水』、『人際關係風水術』、『利用風水獲得幸福』等

小林祥晃

本命星表

依照出生年的不同，有九個本命星。以星星為基礎的方位，依每年的變化，

會產生各種的吉凶。我們經常會說「今年的運氣好」或「今年的運氣不好」，這就是以本命星為基礎來說。請參考附表，來找出自己的本命星。

◎本命星的一年是從立春，一直到節分。如果是一九六三年二月一日所出生的人，他的本命星就是一九六二年寅的二黑土星。

一白水星	二黑土星	三碧木星	四綠木星	五黃土星	六白金星	七紅金星	八白土星	九紫火星
1918 午	1917 巳	1916 辰	1915 卯	1914 寅	1913 丑	1912 子	1920 申	1919 未
1927 卯	1926 寅	1925 丑	1924 子	1923 亥	1922 戌	1921 酉	1929 巳	1928 辰
1936 子	1935 亥	1934 戌	1933 酉	1932 申	1931 未	1930 午	1938 寅	1937 丑
1945 酉	1944 申	1943 未	1942 午	1941 巳	1940 辰	1939 卯	1947 亥	1946 戌
1954 午	1953 巳	1952 辰	1951 卯	1950 寅	1949 丑	1948 子	1956 申	1955 未
1963 卯	1962 寅	1961 丑	1960 子	1959 亥	1958 戌	1957 酉	1965 巳	1964 辰
1972 子	1971 亥	1970 戌	1969 酉	1968 申	1967 未	1966 午	1974 寅	1973 丑
1981 酉	1980 申	1979 未	1978 午	1977 巳	1976 辰	1975 卯	1983 亥	1982 戌
1990 午	1989 巳	1988 辰	1987 卯	1986 寅	1985 丑	1984 子	1992 申	1991 未
1999 卯	1998 寅	1997 丑	1996 子	1995 亥	1994 戌	1993 酉	2001 巳	2000 辰

吉方位表

吉方位應本命星而決定。無論你搬家、旅行，或購物，都請參照此表，來選擇好的月分。

◎爲大吉，○爲中吉，△爲平安的方位，沒有記號爲凶方位。我想大家都只要注意到凶方位（沒有記號的月分）就可以了。如果非得往凶方位移動不可，那麼就先往吉方位移動（盡可能在四天左右），再往目的地移動，如此一來，便可降低凶的威力。

一白水星的吉方位

西元		1月	2月	3月	4月	5月	6月	7月	8月	9月	10月	11月	12月
二〇〇〇年	北												
	東北	○	○		◎		◎				○	○	
	東	○	◎	○		○	○	◎			◎	◎	○
	東南												
	南												
	西南				○		◎	◎			◎	○	
	西		○			○	○	△			△	○	○
	西北												
二〇〇一年	北		◎			◎				○	○	◎	
	東北	○											
	東												
	東南			○		◎	◎		◎				○
	南		◎			◎	○			○	◎	◎	
	西南												
	西												
	西北												

三碧木星的吉方位　　　　二黑土星的吉方位

西元	1月	2月	3月	4月	5月	6月	7月	8月	9月	10月	11月	12月		1月	2月	3月	4月	5月	6月	7月	8月	9月	10月	11月	12月
二〇〇〇年													北												
													東北	○		○	○		△			△	○		○
			△		○		△	△		○		△	東	○											
		○		△		○	△	△	△				東南		○			○		◎	◎	◎			
													南												
													西南			○	◎		◎	◎		○	○		○
					○		△	○		△		△	西												
													西北												
二〇〇一年													北		○			△			△	○	○	○	
													東北	○											
		○		△	△		○				○		東		◎	◎		◎		○	○			◎	◎
	△		○	△	△	△		○				○	東南		○		◎	◎	◎		○				
													南		○			△			○	○	○	○	
													西南												
		◎		○	◎		○		○		◎		西		△			△		○	○			△	△
													西北												

五黃土星的吉方位　　四綠木星的吉方位

西元	1月	2月	3月	4月	5月	6月	7月	8月	9月	10月	11月	12月		1月	2月	3月	4月	5月	6月	7月	8月	9月	10月	11月	12月
二〇〇〇年													北												
	○	○	○	○		△			△	○	○	○	東北		○	○	○						◎	○	○
	○	○	◎		◎	◎	◎	◎		○	○	◎	東		○	△			△	△	△			○	△
		○		◎	○	◎	◎	◎	◎				東南					○	○	△	△	△			
													南												
			○	◎		◎	◎		○	○	◎	○	西南			○	○			△			○	△	○
		◎			○	○	◎	○		◎	◎	◎	西		△				○	△	○			△	△
													西北												
二〇〇一年		○			△		○	△	○	○	○		北												
	○												東北	○											
		◎	◎	◎	◎		○	○			◎	◎	東			△	△	△			○				△
	◎	○	◎	◎	◎	◎		○				◎	東南		○	○	△	△	△						○
		○			△	○	△	○	○	○	○		南												
													西南												
		△		○	△		○	○	○		△	△	西				○	◎			○	○			◎
													西北												

七紅金星的吉方位　　六白金星的吉方位

西元	1月	2月	3月	4月	5月	6月	7月	8月	9月	10月	11月	12月		1月	2月	3月	4月	5月	6月	7月	8月	9月	10月	11月	12月
二〇〇〇年													北												
		○		○					○	△	○		東北	△											
	○												東	○	○			○	◎	◎			○	○	
		○		◎	◎	○	◎		◎				東南				◎	◎	○	◎	◎				
													南												
				○			◎		○	○	◎		西南												
													西		◎			○	○	◎			◎	◎	
													西北												
二〇〇一年					△		○	○	△				北					△		○	○	△	○		
	○												東北												
		○	◎		◎		○				○	◎	東												
	◎												東南	◎	◎	○	◎	◎							○
					△	○	○	△	○				南					△	○	○	△	○	○		
													西南												
		○			◎		◎		◎		○	○	西												
													西北												

九紫火星的吉方位　　八白土星的吉方位

西元	1月	2月	3月	4月	5月	6月	7月	8月	9月	10月	11月	12月		1月	2月	3月	4月	5月	6月	7月	8月	9月	10月	11月	12月
二〇〇〇年													北												
		◎	○			◎			○		◎	○	東北	○		○	○		△			△	○		○
	◎	○	○			○	△	△		○	○	○	東		○	◎		◎		◎	◎			○	◎
		◎		◎	○		◎		○				東南												
													南												
			△			△	△		○		○	△	西南			○	◎		◎	◎		○	○		○
		○				◎	◎	○		◎	○	○	西		◎			○		◎	○			◎	◎
													西北												
二〇〇一年		○			◎		◎			◎	○		北		○			△		○	△			○	
													東北	○											
			○	△	△		○	○				○	東		◎		◎	◎			○			◎	
	◎												東南		○	◎		◎			○				◎
		○			◎	◎	○			○	○		南		○			△	○	△	○			○	
													西南												
				○	△		○	△	△			○	西	△		○	△				○	○		△	
													西北												

7. 避孕	早乙女智子著	200 元
8. 不孕症	中村春根著	200 元
9. 生理痛與生理不順	堀口雅子著	200 元
10. 更年期	野末悅子著	200 元

・傳統民俗療法・品冠編號 63

1. 神奇刀療法	潘文雄著	200 元
2. 神奇拍打療法	安在峰著	200 元
3. 神奇拔罐療法	安在峰著	200 元
4. 神奇艾灸療法	安在峰著	200 元
5. 神奇貼敷療法	安在峰著	200 元
6. 神奇薰洗療法	安在峰著	200 元
7. 神奇耳穴療法	安在峰著	200 元
8. 神奇指針療法	安在峰著	200 元
9. 神奇藥酒療法	安在峰著	200 元
10. 神奇藥茶療法	安在峰著	200 元
11. 神奇推拿療法	張貴荷著	200 元

・彩色圖解保健・品冠編號 64

1. 瘦身	主婦之友社	300 元
2. 腰痛	主婦之友社	300 元
3. 肩膀痠痛	主婦之友社	300 元
4. 腰、膝、腳的疼痛	主婦之友社	300 元
5. 壓力、精神疲勞	主婦之友社	300 元
6. 眼睛疲勞、視力減退	主婦之友社	300 元

・心 想 事 成・品冠編號 65

1. 魔法愛情點心	結城莫拉著	120 元
2. 可愛手工飾品	結城莫拉著	120 元
3. 可愛打扮 & 髮型	結城莫拉著	120 元
4. 撲克牌算命	結城莫拉著	120 元

・少年偵探・品冠編號 66

1. 怪盜二十面相	江戶川亂步著	特價 189 元
2. 少年偵探團	江戶川亂步著	特價 189 元
3. 妖怪博士	江戶川亂步著	特價 189 元
4. 大金塊	江戶川亂步著	特價 230 元
5. 青銅魔人	江戶川亂步著	特價 230 元
6. 地底魔術王	江戶川亂步著	特價 230 元